体育俱乐部系列丛书

乒 乓 球

主　编　严　鸣　马德厚

副主编　杜　峰　刘　毅　刘利锋

西安电子科技大学出版社

内 容 简 介

乒乓球是一种世界流行的球类体育项目，也是我国的国球。为了更好地在大学校园普及乒乓球运动，特编写了针对此体育项目的大学体育教材。

本书分为教学篇、训练篇和健身篇，内容包括乒乓球运动概述、乒乓球基本理论、乒乓球基本技术、乒乓球训练和乒乓球的健身五章。

本书深入浅出地论述了乒乓球运动的教学、训练和健身等内容，文字通俗易懂，图文并茂，注重理论与实践相结合。本书既适合于乒乓球初学者自学使用，也适合于课堂教学使用。

图书在版编目(CIP)数据

乒乓球/严鸣，马德厚主编. —西安：西安电子科技大学出版社，2015.9(2022.8 重印)
ISBN 978 - 7 - 5606 - 3853 - 9

Ⅰ. ① 乒… Ⅱ. ① 严… ② 马… Ⅲ. ① 乒乓球运动—基本知识 Ⅳ. ① G846

中国版本图书馆 CIP 数据核字(2015)第 208489 号

策　　划　毛红兵
责任编辑　毛红兵
出版发行　西安电子科技大学出版社(西安市太白南路 2 号)
电　　话　(029)88202421　88201467　　邮　编　710071
网　　址　www.xduph.com　　　　电子邮箱　xdupfxb001@163.com
经　　销　新华书店
印刷单位　陕西日报社
版　　次　2015 年 9 月第 1 版　2022 年 8 月第 5 次印刷
开　　本　787 毫米×1092 毫米　1/16　印张　6.75
字　　数　152 千字
印　　数　16 001～18 000 册
定　　价　19.00 元
ISBN 978 - 7 - 5606 - 3853 - 9/G

XDUP　4145001 - 5

＊＊＊如有印装问题可调换＊＊＊

体育俱乐部系列丛书

编 委 会

主　　任　徐国富

副 主 任　黄生勇　　苟定邦　　雷耿华

委　　员　严　鸣　　张利平　　杨　炜

　　　　　吕小峰　　江茹莉　　黄　慧

　　　　　张战涛　　郑一锋　　陈元香

　　　　　郭鹏举　　金　马　　马德厚

　　　　　杜　峰　　刘晓嵩　　张　汕

　　　　　唐　静

═══前　言═══

学校体育是人生体育的重要里程，而大学体育是大学生步入社会前体育教育的最后阶段，对大学生的人生十分关键。大学体育是大学文化教育的重要组成部分，是集大学生身体及心理健康教育、思想道德教育、科学文化教育于一体的一门必修课程。体育教材是实现学校体育教学目的与任务的重要载体，因此，编写可持续发展的、符合当代教育改革形势需要的大学体育教材，是大学体育深化改革的一项重要任务。

为了使本书更符合"十三五"体育俱乐部的标准和要求，本书的编写原则为：

(1)体现思想性与文化性的结合、科学性与实用性的结合、知识性与健康性的结合、选择性与时效性的结合；

(2)融入现代健康新理念、新的教育思想、新的教学模式和新的教学方法，加强校园体育文化建设；

(3)坚持以人为本，以学生为主体，从学生的实际需要出发，结合近几年来俱乐部教学改革模式的成功经验，选用一些新的、操作性强的做法；

(4)坚持以提高学生体育能力为主，注重理论与基础知识和技术的衔接、阐述。

本书的编写目的是通过学生自学与教师指导，使学生掌握乒乓球运动必备的技能，掌握自我锻炼的方法与途径。

参与本书编写的是长期从事大学体育教学的骨干教师，具有丰富的一线教学实践经验、扎实的理论知识、较强的业务水平和创新精神。本书由西安电子科技大学严鸣老师和西安培华学院马德厚老师担任主编，马德厚老师编写了本书的第一章，第二章的第一、二节，第三章的第一节和第三节～第九节，第四章，第五章的第一节；杜峰老师编写了第二章的第三、四节；刘毅老师编写了第三章的第二节；刘利锋老师编写了第五章的第二节；严鸣老师对全书进行了统稿和审稿工作。

在本书编写的过程中，徐国富、苟定邦两位教授倾注了不少的心血，张力学老师帮助完成了书中的图片拍摄、剪贴以及审核整理、规范文字等工作，在此一并表示感谢！

编　者

2015 年 6 月

目　　录

第一部分　教学篇

第一章　乒乓球运动概述

第一节　乒乓球运动的特点和锻炼价值

一、乒乓球运动简介

乒乓球运动的基本形式是站在球台两端的每名或每对运动员，用手中握着的球拍在中间隔着一个球网的球台上，把对方打过来击中本方台面的球还击到对方台面。

乒乓球是用赛璐璐制成的直径约 40 毫米，重约 2.7 克的黄色或白色的小球。

乒乓球拍的形状不限，但底板必须是木制的，用来击球的拍面必须覆盖颗粒胶或海绵胶。

乒乓球台长 2.74 米，宽 1.525 米，高 76 厘米，网高 15.25 厘米。

二、乒乓球运动的特点

（1）乒乓球运动简单，容易被大众接受，运动量可大可小，是深受人们喜爱的大众体育项目。乒乓球运动具有广泛的适应性、趣味性和娱乐性。乒乓球运动不受年龄、性别等条件的限制，同时它还具有很强的竞争性，可以锻炼人的心理素质。特别是对老年人有较强的抗衰老作用。

（2）乒乓球小而且轻，击球时要求有较高的技巧性。乒乓球的直径为 40 毫米，重 2.7 克。要把这种小而轻的球越网打到球台上，对于打球的人来说必须有一定的技巧性。

（3）乒乓球打起来往返速度快、变化多，要求打球的人具有较高的击球频率和较强的应变能力。据测定，在 3 米左右距离击球，每次击球的间隔时间是 1.4 秒左右，最短时间不到 1 秒，这样对运动员的击球频率和反应速度的要求就会很高。另外，乒乓球线路变化多，尤其在旋转变化上更为复杂，因此它对运动员的应变能力要求也较高。

三、乒乓球运动的锻炼价值

（一）提高神经系统的灵敏性

经常参加乒乓球运动可以锻炼灵敏性、协调性，提高上、下肢的活动能力，还可以增加神经系统方面的训练及大脑皮层中兴奋与抑制的转换速度，是一种积极的休息方式。由于乒乓球运动具有灵活多变的特点，所以要求运动员打球时注意力高度集中，视觉极端敏锐，判断准确，动作迅速，反应正确，击球果断。

（二）提高心肺功能，增强体质

经常参加乒乓球运动可以使人心跳变慢，提高心脏的工作效率，有利于身体的新陈代谢，能使心血管系统功能有所提高，使呼吸系统相应地发生变化，提高整个身体的机能水平。

（三）促进交流，增进友谊

乒乓球是娱乐性和竞技性较强的运动，打乒乓球时必须有对手共同参加，从而可以互相交流经验，切磋球艺。通过练习、比赛可以广泛结交球友，互相学习，共同提高，增进友谊，可有效地预防老年痴呆症的发生。

（四）培养良好的心理素质

乒乓球运动能培养积极进取、机智果断的优良品质，能培养勇敢顽强的心理素质和拼搏精神，使人奋发向上。

第二节　世界乒乓球运动的发展概况

一、乒乓球运动的起源

乒乓球运动的起源与网球有着密切的关系，网球英文是 Tennis，而乒乓球则称做 Table Tennis，即桌上网球。可见网球是乒乓球运动的前身。

乒乓球运动于十九世纪末起源于英国，流行于欧洲。英国人捷立德·N·卡尼在一篇名为《乒乓球的起源和用具》的文章中谈到：英国的气候促使了乒乓球的诞生。英国处于偶然天气多发的腹地，气候多变。下雨天，学生们就借用室外打球的拍子，在室内的空地上置好球网——两个箱子和一根绳子，或是在两把椅子的椅背上系上一根绳子，绳子上挂上报纸，用以代替球网，以此作为即兴游戏的地方。后来人们又在室内餐桌上，用书或两把高背椅子挂上一根绳子当作球网，采用软木或橡胶做成球，用羔皮纸贴成的长柄椭圆形空心球拍在桌上将球打来打去。这种游戏最初叫做"弗利姆-弗拉姆"（Flim-Flam），又称为"高西玛"（Gossima）。最初使用的球是小胶皮球，在一个有限的场内相互对打，球经常飞出界外，还容易碰坏装饰品和吊灯，也曾一度使用过软木球，但由于弹性不好，很快就被淘汰了。

自从英国的退役越野跑运动员詹姆斯·吉布（James Gibb）从美国带回了作为玩具的赛璐璐球后，这种小而轻的球就以其弹性好的优势代替了软木球和橡胶球。由于当时普遍使用羔皮纸球拍击球，球击到台面时发出"乒"的声音，球击到拍子时发出"乓"的声音，所以模拟其声音又叫"乒乓"（Ping Pang）。乒乓球最初是一种宫廷式游戏，是贵族间的一种娱乐活动，当时打球的人都身着晚礼服和长裙，而且还有专门捡球的佣人。后来这种活动逐渐流入民间。

二、乒乓球技术发展阶段

乒乓球技术的发展，从某种意义上讲是球拍工具的不断革新，是球在速度和旋转性两方面的相互竞争过程中向前推进和发展的。

从 1926 年第一届世界乒乓球锦标赛至今已近 90 年的历史，乒乓球技术的发展可以概括为以下几个阶段。

第一阶段（1926～1951 年）　欧洲全盛期，以削球打法为主。

最初，运动员们使用木制球拍，速度慢，旋转性也不强，因此打法单调，只是把球挡来挡去。胶皮拍出现后技术有了很大变化，因为胶皮拍比木制拍弹性大、摩擦力大，用来击球可以产生一定的旋转，于是出现了削下旋的防守型打法。这种打法力求稳健、准确，而且在欧洲风行一时，不少运动员采用这种打法获得世界冠军，如匈牙利的巴纳和法卡斯（女）。在这一时期运动的重点和优势在欧洲。翻开前18届世界锦标赛的历史，其中有17届比赛是在欧洲举办的，产生的金牌共117枚，而欧洲选手就获得109枚，占总数的93%。

欧洲选手的基本打法是防守多于进攻，主要靠稳削下旋球取胜对手，他们的指导思想是力争自己不失误，而等待对方失误以取得胜利，于是双方都打"蘑菇球"，致使比赛时间很长。如在第11届世界乒乓球锦标赛中女子单打决赛时，美国运动员罗阿隆斯与奥地利运动员普里希的比赛很长时间都没有结果，裁判员要求采用抽签的方法决定胜负，但双方运动员都不同意抽签来决定冠亚军，最后裁判员宣布此次比赛无结果，因此这一届的女子单打世界冠军栏内写着"无冠军"。鉴于上述情况，国际乒联决定修改规则，增宽球台，降低球网高度，限定比赛时间，以鼓励积极进攻，加快比赛进程，防止采用消极打法。此后，削中反攻打法有所发展。

第二阶段(1952～1959年)　**优势转向亚洲，日本长抽打法称霸乒坛。**

1952年，日本运动员在第19届世界乒乓球锦标赛中采用远台长抽打法，结合快速的步法移动，击败了欧洲的下旋削球，从此使上旋球打法占了优势。此外，日本还革新了球拍，使用海绵球拍，因而加快了进攻的速度。这种新打法比速度慢、旋转弱、攻击力差的防守型打法先进。日本运动员的远台正手攻球力量大、速度快，配合威胁性较大的反手发急球抢攻，在第19届世界锦标赛中一举夺得4项冠军，从而打破了欧洲运动员的垄断地位。这一时期举办过7届世界锦标赛(第19届～第25届)共产生金牌49枚，日本选手夺走了24枚，占总数的49%。在第25届世界锦标赛上，日本运动员达到了高峰状态，获得了7项冠军中的6项，男子单打除外。

第三阶段(1960～1969年)　**中国直拍近台快攻打法崛起世界乒坛。**

20世纪50年代日本称霸世界乒坛的时候，中国也开始进军世界乒坛，通过参加几届乒乓球锦标赛后，中国队及时总结经验教训，在技术上保持了快和狠的特点，训练上狠抓基本功，加强速度和击球的准确性和变化性的训练，提高了对削球的拉攻技术，逐渐形成和创造了以"快、准、狠、变"为技术风格的独特的直拍近台快攻打法。在1961年的第26届世界乒乓球锦标赛中，中国队既过了欧洲削球关，又战胜了远台长抽加弧圈球打法的日本选手，第一次获得男子团体世界冠军，并连续获得第27届、第28届男子团体冠军，这一成绩震撼了世界乒坛。中国近台快攻的优点是站位近、速度快、动作灵活，正反手运用自如，比日本的远台长抽打法又向前发展了一步。

第26届～第28届的三届世界乒乓球锦标赛中，共产生金牌21枚，中国运动员夺得11枚，占总数的52%。这说明，20世纪60年代中国乒乓球的技术水平已位于世界乒坛最前列。

第四阶段(1970～1978年)　**欧洲的复兴与欧亚对抗。**

在亚洲，特别是日本和中国的乒乓球运动向前发展，技术水平处于世界领先地位时，欧洲乒乓球选手一直处于探索和动荡之中，他们从失败和挫折中总结经验教训，学习并发展了日本的弧圈球技术，吸取了中国近台快攻打法的优势，创造了适合欧洲人体质并结合弧圈技术的两种技术打法。一种是以匈牙利的克兰帕尔·约尼尔为代表人物的弧快打法；

另一种是以瑞典的本格森、波兰的格鲁巴为代表人物的快弧打法。上述两种打法的特点是旋转较强，速度较快，能拉能打，低拉高打，正反手都能拉弧圈球，回球威胁性较大。他们把旋转和速度紧密地结合起来，把乒乓球技术又推到了一个新水平。

70 年代以后，我国近台快攻打法也有一定的提高和发展，如创新了正、反手高抛发球，发展了推挡技术中的加力推、减力挡和推挤弧圈球，增加了正手快拉小弧圈、正手快带弧圈球等新技术，这些新技术在历届世界锦标赛中显示了一定的威力。另外，我国直拍快攻结合弧圈球打法也取得了较大的成绩，削攻结合和以削为主打法的选手较好地运用了两面不同性能的胶皮，在发球、搓球、削球、拱球与挡球等技术方面有所发明和创新，达到了世界先进水平。近年来我国横拍快攻结合弧圈打法的运动员加强了正手攻球的力量和反手技术的基本功训练，在一系列的国际比赛中战胜了不少著名的欧洲选手，取得了良好的成绩。在第 31 届～第 39 届世界锦标赛中，中国队共获得 42 枚金牌，其中有 7 枚男子团体，7 枚女子团体，5 枚男子单打，7 枚女子单打，3 枚男子双打，6 枚女子双打，7 枚混合双打，占金牌总数(63 枚)的 66.6%。

第五阶段(1980～1989 年)　　**进入奥运时代，欧亚竞争更加激烈。**

1988 年，乒乓球被列入奥林匹克运动会的正式比赛项目，这大大推动了世界乒乓球运动的进一步发展。世界各国尤其是欧亚乒乓球强国更加重视乒乓球运动的普及和提高，而中国男队在汉城奥运会和第 40 届～第 42 届世界乒乓球锦标赛的比赛中痛失团体冠军，就足以说明长期处于主宰地位的中国乒乓选手正在被欧洲选手所取代。欧洲人已冲破了亚洲人前三板的技术优势，正以凶猛的弧圈球和中远台顽强的相持能力拼杀在世界乒坛，开始了世界乒坛的第五阶段。

根据乒乓球运动的发展规律(即速度、旋转、准确、攻击、变化这五种制胜因素的相互制约)可以预见，乒乓球的各种打法还会不断充实和完善，技术将更加精益求精，运动员们应在力争积极主动、加快速度、加快旋转和加大力量等方面下功夫。当今乒坛速度已成为制胜的核心，弧圈球的速度加旋转将会结合得更好，弧圈球技术和反弧圈球技术将在相互制约、相互斗争的矛盾中不断发展提高。力争主动，先发制人，争取前三板发挥出个人技术特长，是各种类型打法发展的一个趋势。削攻打法在比赛中要增加进攻成分，采用两面不同性能球拍做旋转变化、伺机抢攻等技术手段(这些技术都要在"旋转、攻击、变化"上下功夫)争取主动。推攻和两面攻打法的运动员，除加快进攻速度外，还应进一步提高正手反打和反手攻球的威力，力争更加全面地掌握技术。

总之，世界乒乓球技术将朝着"更加积极主动、技术全面、特长突出、战术变化多、无明显漏洞"这一总的趋势发展。当今世界强队的打法都是在技术全面的基础上，力争把速度和旋转结合得更好，向着更快、更新、更猛的方向发展。

从训练的发展趋势看，身体、心理、技术、战术和智力等方面的训练相互渗透、相互融合，特别是心理和智力等方面的训练越来越被教练员所重视，要使运动员具有广泛的适应能力，包括战术的多样性和针对性；要训练运动员对不同性能球拍的适应性，以及全面提高运动员的生理机能和心理素质。另外，乒乓球训练将会加强对现代科学技术的应用，如在训练中采用自我录像观察法，用发球机进行辅助训练等。训练手段和方法趋向灵活多样，结合个人技术类型打法进行特长训练。另外，比赛规则的不断修改及完善，对乒乓球技术的发展也起着积极的促进作用。

三、世界乒坛三大赛事

（一）世界乒乓球锦标赛

第一届世界乒乓球锦标赛从1926年开始，到2014年已举办了48届比赛。现行规定每年举行一次，比赛时间定于每年的五月份。世界乒乓球锦标赛共设七个奖杯。

（1）斯韦思林杯：男子团体赛奖杯。它是1926年由第一任国际乒联主席蒙塔古的母亲斯韦思林女士捐赠的。

（2）考比伦杯：女子团体赛奖杯。它是1934年由法国乒协主席马赛耳·考比伦先生捐赠的。

（3）勃莱德杯：男子单打比赛奖杯。它是1929年由英国乌德科先生以圣·勃莱德俱乐部命名并捐赠的。

（4）盖斯特杯：女子单打比赛奖杯。它是1931年由前匈牙利乒协主席盖斯特捐赠的。

（5）伊朗杯：男子双打比赛奖杯。它是1947年由伊朗国王捐赠的。

（6）波普杯：女子双打比赛奖杯。它是1948年由前国际乒联名誉秘书伟·杰·波普先生捐赠的。

（7）赫杜赛克杯：混合双打比赛奖杯。它是1948年由前捷克乒协秘书兹德内库·赫杜赛克先生捐赠的。

七个项目的奖杯都是流动的，各项冠军获得者可保存该项奖杯到下届世界乒乓球锦标赛开始前，并在奖杯上刻上冠军的名字，然后交给下届世界乒乓球锦标赛组委会。

（二）世界杯乒乓球锦标赛

1980年5月由香港乒乓球总会举办了第一届世界杯男子单打比赛，从此以后每年举行一届。开始世界杯只有男子单打项目，由16名世界高手参赛，后来又增设了男子团体比赛，还增设了其他项目的比赛。男子单打奖杯（伊万斯杯）是以前国际乒联主席伊万斯先生的名字命名的。我国著名运动员郭跃华是"伊万斯杯"的第一个获得者。

（三）奥运会乒乓球比赛

1988年，乒乓球比赛被正式列为奥运会的比赛项目。从第24届汉城奥运会开始，男子单打、男子双打、女子单打和女子双打四个单项比赛被正式列入比赛之中。

第三节　中国乒乓球运动的发展概况

一、我国乒乓球运动的萌芽时期

我国的乒乓球运动始于1916年～1920年之间，从沿海各大城市首先开展起来，上海、广州两地发展得较早一些，随后普及到内地的各大城市，而且大多是从基督教青年会内推广起来的。

当日本的乒乓球运动比较盛行时，我国的乒乓球运动才处于萌芽状态。我国当时出售的球拍、球都是从日本进口的，所以华东、华北一带采用直拍打法的人比较多，这与日本乒乓球运动的影响是密切相关的。而广州地区受英美的影响较深，横拍打法由英国人首先传入香港，再传入广州，这样广州就逐渐成为我国横拍打法的重要地区。在旧中国曾举行过两次全国性的乒乓球比赛，一次是 1935 年，另一次是 1948 年，这两次比赛，乒乓球都是全国运动会上的一个项目。

二、新中国乒乓球运动蓬勃发展

新中国成立以来，1952 年 10 月在北京举行了第一次全国乒乓球比赛大会，与此同时，中华全国体育总会乒乓球部加入了国际乒联。从此全国乒乓球群众活动迅速发展起来，且每年都要举行各种不同层次的、全国性的乒乓球比赛。

中国乒乓球队自 1953 年开始建立，并参加了在布加勒斯特举行的第 19 届世界乒乓球锦标赛。1959 年在多特蒙德举行的第 25 届世界乒乓球锦标赛中，我国运动员容国团获得世界男子单打冠军，这也是我国在体育运动项目中获得的第一个世界冠军。1961 年，在北京举行了第 26 届世界乒乓球锦标赛，中国队第一次获得男子团体第一名，庄则栋获得男子单打冠军，邱钟惠获得女子单打冠军。继第 27 届、第 28 届世界乒乓球锦标赛中庄则栋连续三次获得男子单打冠军，在 1965 年第 28 届世界乒乓球锦标赛中，我国女队第一次获得女子团体冠军。1981 年在诺维萨德第 36 届世界乒乓球锦标赛中，中国乒乓球队囊括了全部七项冠军。从第 36 届以来，中国乒乓球队经历了不少曲折，但总体来说，女队的成绩和实力优于男队，一直保持着世界领先地位。我国的乒乓球运动就在这样的乒乓大潮中不断破浪前进。

第四节　中国大学生乒乓球运动的发展概况

乒乓球运动有着巨大的生命力，深受广大群众和青少年的喜爱。在发展体育运动、增强人民体质的方针推动下，乒乓球运动得到了迅速普及，在有条件的各大、中、小学都相继开展起来，如清华、北大早在 50～60 年代就向学生开设了乒乓球课，并组织了各校之间的友谊比赛。第一次全国大学生乒乓球比赛于 1982 年在清华大学举行，当时共有 10 多个省市派出代表队参加了七个项目的比赛。第二次全国大学生乒乓球比赛于 1988 年在南京举行，1990 年，中国大学生乒乓球协会在上海华东化工学院成立，同时举行了 1990 年全国大学生乒乓球锦标赛，并召开了全国高校乒乓球专项学术研讨会。1992 年在西安冶金建筑学院举行了全国大学生乒乓球比赛，共有 30 多所高等院校参加了七个项目的比赛。

中国大学生乒乓球协会是在中国大学生体育协会领导下的一个单项运动协会，其宗旨是联络和团结全国各高等学校乒乓球运动队、乒乓球协会、体育教师、教练员和裁判员，以增进友谊，加强协作，促进院校之间乒乓球运动的开展，广泛交流，切磋球艺，提高乒乓球理论、教学、训练、竞赛与运动技能、战术水平，攀登世界乒乓球运动的高峰。大学生乒乓球协会的基本任务是：认真贯彻执行党的教育方针，联络全国大学生乒乓球运动队、乒乓球协会和乒乓球爱好者，团结协作，互相学习，积极工作，以多种形式有计划地组织乒乓球教练员、裁判员共同研讨和提高乒乓球技术、战术理论和业务水平。中国大学生乒乓球队于 1991 成立，训练基地设在上海，参加了全国和世界大学生比赛并取得优秀成绩。许多有条件的学校都开设乒乓球教学课，乒乓球运动极为普及并深受大学生的喜爱，乒乓球运动正以它本身特有的优势激发了广大大学生的兴趣。

第二章　乒乓球基本理论

第一节　乒乓球常用术语

一、球台

端线：球台两端长 152.5 厘米，边宽 2 厘米的白线称为端线。

边线：球台两侧长 274 厘米，边宽 2 厘米的白线称为边线。

中线：台面正中与边线平行的 3 毫米宽的白线称为中线。

左、右半台：中线将球台分为两个半台，又称 1/2 台。左、右方位是对击球者本身而言。

1/3 台或 2/3 台：以右手为例，击球范围占球台的 1/3 或 2/3，左侧为左 1/3 台或左 2/3 台，右侧为右 1/3 台或右 2/3 台。

全台：击球时不限落点，击球范围占整个球台。

球台的基本术语及基本情况如图 2-1、图 2-2 所示。

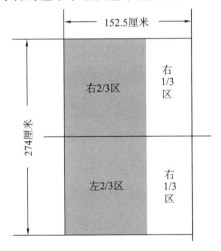

图 2-1　球台的基本术语

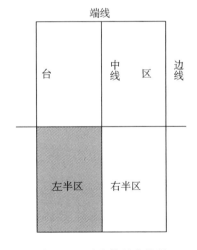

图 2-2　球台的基本情况

二、站位

近台：站位距离端线 70 厘米左右的范围。

中近台：站位距离端线 70～90 厘米以内的范围。

中台：站位距离端线 90～110 厘米以内的范围。

中远台：站位距离端线 110～150 厘米以内的范围。

远台：站位距离端线 150 厘米以外的范围。

站位的情况说明如图 2-3 所示。

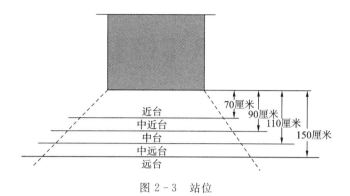

图 2-3　站位

三、击球路线

　　击球路线指击球点与落点之间的投影线。击球路线有右方斜线、右方直线、中路直线、左方直线和左方斜线，它们在乒乓球教学、训练、比赛中称为五条基本路线。击球路线是以击球者本身方位而言的。以右手执拍为例，右方斜线或直线即正手斜线或直线，左方直线或斜线即反手直线或斜线，中路直线为中路球。

　　击球路线如图 2-4 所示。

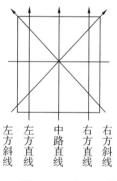

图 2-4　击球路线

四、击球时间

　　击球时间指对方来球着台后反弹上升至回落触击地面以前的这段时间，如图 2-5 所示。

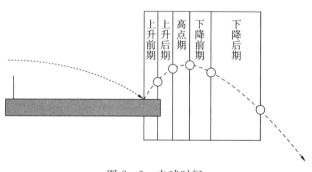

图 2-5　击球时间

（1）上升期：球从台面反弹起接近最高点的这段时间。这段时间又可分为上升前期和上升后期。

（2）高点期：球从台面反弹起接近和达到最高点的这段时间。

（3）下降期：球从最高点下降至地面的这段时间。这段时间又可分为下降前期和下降后期。

五、击球部位

击球部位是指击球时拍触球的部位，照钟表刻度（如图 2-6 所示）可将球分为五个击球部位。

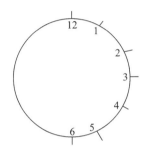

图 2-6　击球部位

上部：接近 12 点的部位。

中上部：接近 1、2 点的部位。

中部：接近 3 点的部位。

中下部：接近 4、5 点的部位。

下部：接近 6 点的部位。

六、拍形

拍形包括拍面角度和拍面朝向，如图 2-7 所示。

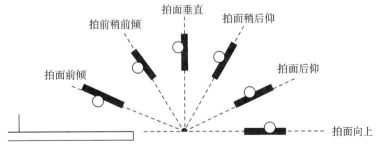

图 2-7　拍形

（1）拍面角度：拍面和台面所形成的角度。

拍面前倾：拍面向前倾斜角度小于 90℃，拍面触球接近"1"点的部位。

拍面稍前倾：拍面稍向前倾斜，拍面触球接近"2"点的部位。

拍面垂直：拍面触球在"3"点的部位。

拍面稍后仰：拍面向后倾斜角度大于 90℃，拍面触球接近"4"点的部位。

拍面后仰：拍面触球接近"5"点的部位。

（2）拍面朝向：击球者击球时拍面所朝的方向。拍面向左时，击球的右侧；拍面向右时，击球的左侧；拍面向前时，击球的后部；一般情况下根据来球的旋转性质和击球的目的，以及站位，拍面有可能偏左或偏右。因为击球的部位也相应偏右或偏左，所以，拍面角度和朝向决定击球部位。在击球力量、速度旋转相对稳定的情况下，拍形决定击球的力量、速度、旋转的融合度。拍面朝向决定击球的路线。

七、击球点

击球时，球拍与球接触那一点的空间位置是对击球者所处的相对位置而言，它包括三个方面的因素：一是指击球时，球处于身体的前后位置；二是指击球时，球和身体的远近距离；三是指击球时，球的高低位置。因此，击球点是和击球者、球台以及击球时空间紧密地联系在一起的。

八、短球、长球与追身球

（1）短球：落点在近网区内，且反弹跳起后的第二落点不超过球台端线的球。

（2）长球：落点在底线区内的球。

（3）追身球：来球第二飞行弧线直冲持拍手臂与躯干形成的自然间隙。

短球与长球的落点如图 2-8 所示。

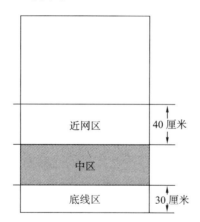

图 2-8　短球与长球的落点

九、摆速

正、反手两面交替击球时，在躯干转动的牵引下，持拍手臂左右挥拍的速度。

十、发球抢攻

一方发球，另一方接发球，一方再进行攻球称为发球抢攻前三板。

第二节　球拍性能、选择和握拍法

一、球拍的性能

目前规则许可使用的球拍有胶皮拍、海绵胶拍两类。不同类型的球拍对击球的速度、旋转都会产生不同的效果，都有其不同的性能。

（一）胶皮拍

在规则对球拍的大小、形状或重量不限的底板上贴一层胶皮，胶皮厚度连同粘合剂不超过 2 毫米，胶皮颗粒必须向外。胶皮拍分长齿胶皮拍和短齿胶皮拍两种。

（1）短齿胶皮拍：胶皮厚度不超过 1.5 毫米。

性能：弹力均匀，击球稳，容易掌握。缺点是击球速度较慢，旋转力不如正胶拍和反胶拍强烈。

（2）长齿胶皮拍：胶皮厚度在 1.5 毫米和 1.6 毫米以上。

性能：主要利用来球旋转强度或冲力来增加回球的旋转和变化。如用削球回击对方拉过来的弧圈球或大力扣杀球，则回球旋转强烈。如对方回球旋转弱冲击力小，则回过去的球旋转也弱。如果对方来球呈下旋可用搓球回击，则变上旋；对方来球呈上旋可用推挡回击，则变下旋；来球不转，回球也不转。即按照遇转则转、遇弱则弱、遇下则上、遇上则下的旋转变化规律运行。

（二）海绵胶拍

在木板和胶皮之间夹贴一层海绵，规则规定，海绵和胶皮连同粘合剂厚度不超过 4 毫米。胶皮的颗粒可以向内也可以向外。

（1）正贴胶皮海绵拍：在海绵上粘贴一层普通的颗粒向外的颗粒胶。

性能：反弹力较强，回球速度也较快，能够形成一定的旋转，但不能造成很强烈的旋转球。

（2）生胶海绵拍：在较薄的海绵上面正贴一种生胶胶皮，其颗粒与短齿胶皮相似。

性能：反弹力强，击球速度快，摩擦力较小。回球略下沉，不易制造旋转变化大的球，也不易吃旋转，需要更多地自身发力。

（3）反贴胶皮海绵拍：在海绵上粘贴一层颗粒向内的胶皮，无颗粒的一面向外。

性能：胶质较软，拍面平整，粘性较大，摩擦系数大，能制造强烈的旋转球，反弹力稍差。

（4）防弧海绵拍：在结构松软、弹性差的海绵上反贴一种硬而发涩的胶皮。

性能：弹性低，粘性小，可以减弱旋转球的作用，便于控制对方的弧圈球，但这种球拍同时也减弱了回球的旋转强度和速度。

二、球拍的选择

由于各类球拍都具有不同的性能和不同的优缺点，因此，运动员应根据自己的打法特点、发展方向选择适合的球拍。选择情况有下列几种：

（1）快攻类打法多使用普通正贴胶皮海绵拍和生胶海绵拍。

（2）弧圈类打法多使用反贴海绵拍。

（3）削攻类打法多使用两面不同性能的球拍，一面反贴胶皮海绵，另一面是长胶或防弧。

另外，选择球拍应从底板的软硬度、胶皮颗粒的长短和密度、海绵的软硬和弹性这三个方面考虑。水平较高者应根据自己的打法特点从这几个方面选购和更换，初学者和水平低者可用一般的较容易掌握的球拍，例如，普通正贴海绵拍或普通反贴海绵拍，选购时应注意统一型号和性能一致。在逐步形成自己主体打法的过程中选用适宜的球拍。

三、握拍法

握拍的方法对于提高和掌握乒乓球技术有着很密切的关系，目前世界乒坛优秀选手流行的握拍法有两种：一种是直握拍，另一种是横握拍。后来在我国又提出一种提握拍法。不同握法产生了不同的打法，大学生在选择握拍法时，首先应对各种握法的优、缺点有一个初步了解，然后根据自己的手形特征和身体条件确定自己的握拍方法。

（一）直握拍法

直握拍法常见的有快攻型握拍法、弧圈型握拍法和削攻型握拍法。

1. 快攻型握拍法（钳式握拍法）

此种握法很像执笔的方式，拇指与食指自然而平均地钳住拍柄，拍柄贴住虎口，拍面背后其他三指自然弯曲重叠，中指第一指关节顶在拍背 1/3 处，使球拍保持平衡。快攻型握拍法又分小钳式握法、中钳式握法、大钳式握法，分别如图 2-9、图 2-10、图 2-11所示。

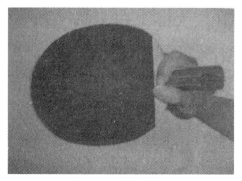

图 2-9　小钳式握法

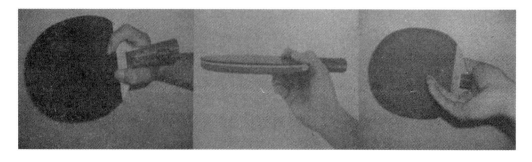

图 2-10　中钳式握法

图 2 - 11　大钳式握法

优点：手腕动作灵活，发球变化多，拍形变化快而灵活，不仅有利于正、反手击球动作迅速转换，还有利于处理台内球、追身球。按自然法则讲，灵活则不稳，稳定则欠灵活。因此需灵则灵，需稳则稳，稳定与灵活相互协作配合才能达到融合之意境。解决融合的方法是：台内球采用小钳式握拍法，发挥手的灵活性；中远台击球采用中钳式握拍法，发挥手臂的稳定性。

缺点：照顾范围小，反手攻球受身体限制不易发力。

2．弧圈型握拍法

（1）与快攻型握法相同。

（2）在球拍的前面，食指扣住拍柄形成一个环状，拇指贴住拍柄左侧，拍面背后中指和无名指的指腹顶住拍面背部，小指自然贴在无名指之下，如图 2 - 12 所示。

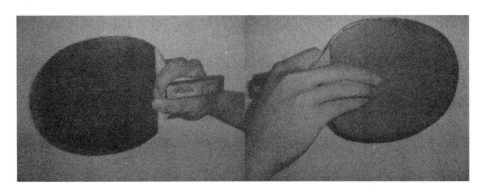

图 2 - 12　日式直拍弧圈型握法

优点：手臂、手腕和球拍连成一条线，拍呈横状，扩大了球台的照顾范围，正手位拉弧圈球和扣杀时，容易发挥手臂的力量。

缺点：手腕不灵活，处理快速、台内、追身球及反手近台球较困难。

3．削攻型握拍法

拇指自然弯曲，紧贴拍柄左侧，第一指节用力下压，其余四指自然分开顶住球拍背面，如图 2 - 13 所示。

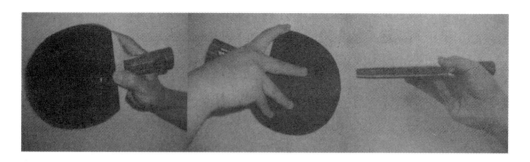

图 2 - 13　直拍削攻型握法

（二）横握拍法

横拍攻击型（快攻和弧圈型）和削攻型握拍方法基本相同。一般像见面握手一样。

方法：中指、无名指、小指自然地握住拍柄，拇指在球拍的正面，食指自然伸直斜放于球拍的背面，虎口贴住拍肩。正手攻球时，食指稍向上移动，反手攻球时，拇指可稍向上移动，如图 2 - 14 所示。

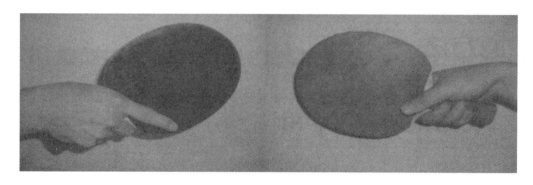

图 2 - 14　横拍握法

根据手握拍柄的方式，又可分为横拍深握（如图 2 - 15 所示）、横拍浅握（如图 2 - 16 所示）和横拍拳握（如图 2 - 17 所示）。

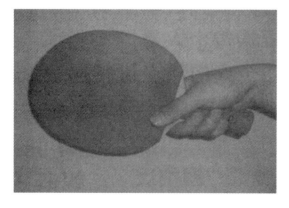

图 2 - 15　横拍深握

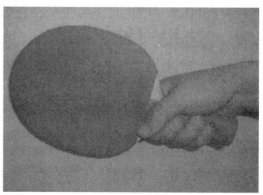

图 2 - 16　横拍浅握

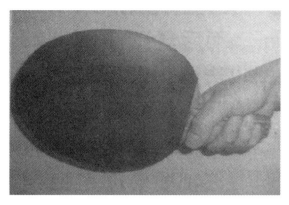

图 2 - 17　横拍拳握

优点：照顾范围较大，击球时便于发力，削球旋转力比直拍强，反手攻球动作小，速度快，攻削交替运用时，握法变动不大，利于攻、守结合的发展。

缺点：正反手交替击球时，左右摆速不如直拍快，手腕动作不如直拍灵活，处理台内短球、追身球较困难。

四、教法提示

握拍技能较为简单，但是许多大学生由于过去错误的握拍已形成习惯，利用有限的教学课去改不是很容易，因此，在教学中应做到以下几点：

（1）使学生了解正确的握拍方法以及正确握拍的重要性。

（2）讲解错误握拍方法对技术的影响，使学生尽快改正错误，掌握正确的方法。

（3）根据学生的特点，帮助学生选择适宜的握拍方法。

（4）防止前一种技术对后一种技术的影响，如练习推挡食指压拍和正手攻球时，食指不放松会影响拍形的调节。

（5）握拍常见的错误动作如下：

① 除拇指、食指外，中指、无名指、小拇指等手指呈扇形托住拍背面，这三指支撑拍面过大则影响拍形的调节，失去了(中指、无名指、小拇指自然弯曲形成支撑拍面的点)能集中力量的作用。

② 翘腕，腕关节过伸，手部肌肉过分紧张，影响击球用力和拍形的调节。

③ 吊腕，腕关节过屈。

④ 握拍过松，发力击球时影响拍形的稳定性，不利于控制拍形。

⑤ 食指第二指关节没有保持弯曲，影响拍形的调节。错误的握拍法往往会导致错误的技能动作，如手腕前臂调节不了拍形，靠"抬肘"压拍。

在教学、训练中，教师应加强观察学生的感知情况，发现错误，及时纠正。

第三节　提高击球质量五大要素

乒乓球比赛对抗性强，双方都要力争每分的胜利，衡量每板击球的合理性和有效性，主要从击球的弧线、旋转、力量、速度、落点五个方面去衡量和探索感悟动作技能。

一、弧线

乒乓球在球台上空运行的路线通常呈弧线，适宜的击球路线决定着击球的命中率和获胜的机会。乒乓球的运行弧线由弧线的高度和打出距离两部分组成。弧线高度是弧线的最高点与台面所形成的高度；弧线的高低和打出距离的长短主要取决于用力方向、拍面角度、发力大小、旋转性能以及来球情况等，这些因素对弧线的影响都有所不同。

（一）不同来球对弧线的要求

不同来球对弧线的要求如图 2 - 18 所示。

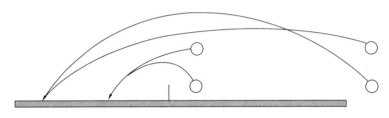

图 2 - 18　不同来球对弧线的要求

（1）还击远网高球时，弧线几乎成直线，打出距离要长，击球力量适中以免回球不过网，或击球力量过大造成击球出界。

（2）还击近网高球时，弧线要直，打出距离要短，向下前方用力击球。

（3）还击远网低球时，弧线高度要高，打出距离要长，适合于摩擦击球。

（4）还击近网低球时，弧线高度要高，打出距离要短，适合于小动作摩擦击球。

（二）不同时间击球的要求

不同时间击球的要求如图 2 - 19 所示。

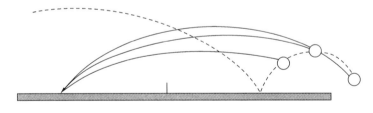

图 2 - 19　不同时间击球的要求

（1）上升期击球时，弧线高度不需过高，击球的距离要控制。

（2）高点期击球时，弧线高度稍高，要有一定的距离。

（3）下降期击球时，弧线高度高，打出距离要长。

（三）还击不同旋转球的要求

（1）还击上旋来球时，根据来球旋转强度，拍形前倾或稍前倾压低弧线高度，避免回球过高或回球出界。

（2）还击下旋球时，根据来球旋转强度，拍形垂直或稍后仰增加弧线高度，避免回球下网。

（3）还击左（右）侧旋转时，来球旋转越强，越要注意相应地向左（右）调整拍面方向，避免回球向左（右）侧边线出界。

二、旋转

在现代乒乓球技术中，乒乓球的旋转及其变化十分复杂，加之球拍性能的不同，动作相似，球的旋转却不相同，因此，乒乓球竞赛制胜，旋转是很重要的因素之一。乒乓球教学、训练必须要学习和掌握旋转的基本知识。

（一）乒乓球旋转的原因

击球时，如果力的作用线不通过球心，而和球心（O）保持一定的垂直距离（L 即力臂）这个力（F）就分解成撞击球的法向分力（F 法）和一个摩擦球的切向分力（F 切），这个切向分力的主要作用就是使球产生旋转，因此摩擦力是球产生旋转的主要原因，如图 2 - 20 所示。

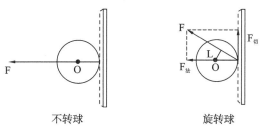

不转球　　　　　　　　旋转球

图 2 - 20　乒乓球旋转的原因

（二）基本旋转轴及其旋转

乒乓球本身是一个无固定轴的物体，但是当球拍摩擦球时就会使球产生旋转，形成旋转轴。如果球拍摩擦球的方向不同，产生的旋转也不同，形成各种各样的旋转轴。但不管怎样旋转，它始终围绕着三条基本旋转轴旋转。

1. 左右轴（横轴）

它是通过球心与乒乓球飞行方向相垂直的轴。根据击球者的方位，球绕此轴向前旋转为上旋球，球绕此轴向后旋转为下旋转，如图 2 - 21 所示。

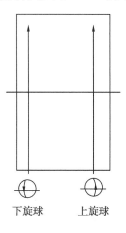

下旋球　　　　上旋球

图 2 - 21　横轴

2. 上下轴（竖轴）

它是通过球心与台面相垂直的轴。球绕此轴旋转为侧旋球。根据击球者的方位，击球时，以球拍触球的某一点为基准，球开始时向左旋转（顺时针）为左侧旋球，球向右旋转（逆时针)为右侧旋球,如图 2-22 所示。

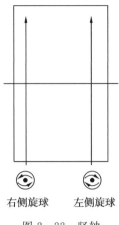

右侧旋球　　　　左侧旋球

图 2-22　竖轴

3. 前后轴

它是通过球心与球的飞行方向相平行的轴。从击球者的方位看,绕此轴按顺时针方向旋转为顺旋球,绕此轴按逆时针方向旋转为逆旋球,如图 2-23 所示。

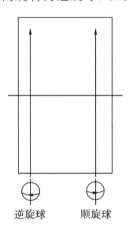

逆旋球　　　　顺旋球

图 2-23　前后轴

前后轴顺、逆旋球在乒乓球的练习和比赛中,单纯绕基本旋转轴旋转的球是很少的,大多数旋转球的旋转轴都与三条基本旋转轴有所偏离,随着这种偏离程度的加大,这种转动着的球成为一种混合旋转的球。例如,侧上旋球和侧下旋球,这类旋转球都是绕三条基本轴的偏斜轴旋转。

(三) 各种旋转球的性质,反弹特点

球的旋转性能不同,其飞行的弧线、落台后的反弹、触拍后的反弹都有其不同的特点。

1. 上旋球、下旋球及其反弹的特点

(1) 上旋球:球在旋转时,带动球体周围的空气一起转动。当球向前飞行时,球体上沿旋转着的气流受到迎面气流的阻力,其流速减慢;而球体下沿旋转着的气流与迎面气流的方向相一致,其流速加快,这样上旋球球体上沿的空气压强大,下沿的空气压强小,如图

2－24(a)所示。

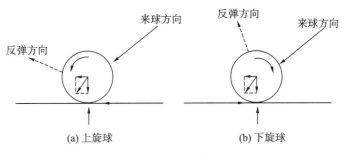

图 2－24　上旋球和下旋球示意图

　　由于球体上沿的空气压力大，因此在同等条件下，上旋球比不转球飞行弧线要低、要短。

　　（2）下旋球：当球呈下旋向前飞行时，正好与上旋球相反。球体下沿空气流速慢，上沿流速快，空气给球体一个浮举力，如图2－24(b)所示。因此，在相同条件下，下旋球比不转球飞行弧线高和长。

　　（3）上旋球和下旋球反弹的特点：上旋球着台时给台面一个作用力，除台面给球一个反弹力外，球体还有一个沿水平方向向后作用于台面的旋转力，因此台面也给予这个旋转力一个向前的反作用力，从而使球的反弹角度减小，具有一定的前冲力。上旋越强，情况愈甚，如弧圈球。上旋球的反弹原理示意图如图 2－25 所示。

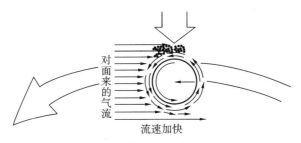

图 2－25　上旋球的反弹原理示意图

　　平挡触拍时向上反弹。下旋球落台时，与上旋球相反，下旋球的旋转力是沿水平方向向前作用于台面的，因此，台面给予这个旋转力的反作用力的方向是向后的，从而使球的反弹角度加大。下旋越强，情况愈甚，以至球出现回跳现象。下旋平挡触拍时向下反弹，如图 2－26 所示。

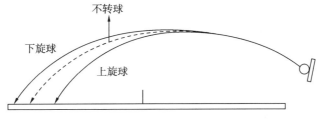

图 2－26　下旋平挡触拍时的反弹

　　2．左侧旋球和右侧旋球

　　左侧旋球球体的左侧空气流速慢，右侧空气流速快，因此，球的飞行弧线向右偏拐；

而右侧旋球的飞行弧线正好相反，向左偏拐，如图 2－27 所示。

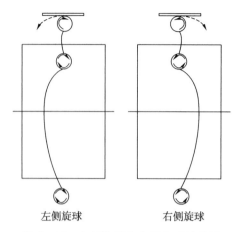

左侧旋球　　　　　　　　右侧旋球

图 2－27　左侧旋球和右侧旋球示意图

反弹特点：侧旋球落台时，由于球对台面的作用力与不转球相比较变化不大，所以反弹后的飞行弧线基本上按原来的方向顺势继续偏拐。平挡触拍时，左侧旋球向击球者右侧反弹，右侧旋球则相反。

3. 顺、逆旋球

顺、逆旋球由于球体周围气流受迎面气流的影响是相同的，其飞行弧线基本上不发生变化。

反弹特点：顺旋球着台时，球体给台面一个向左的旋转力，台面给球体一个向右的反作用力，因此，顺旋球反弹后向右侧拐弯；逆旋球落台时与之相反，球体给台面向右的旋转力，台面给球向左的反作用力，故着台后向左侧拐弯。顺、逆旋球平挡触拍时两侧反弹不明显。

（四）加强球旋转的方法

（1）尽可能使力的作用线远离球心；乒乓球的旋转速度主要取决于力矩，而力矩 M 又分别与作用力 F 和力臂 L 成正比，即 M＝FL。因此，击球时，球拍尽量摩擦球体，使力的作用线远离球心，使力臂增大，增加球的旋转。因此，拍形角度大小决定旋转度的强弱和击球力量的大小。拍形前倾击球摩擦力大于撞击力，反之拍形角度越靠近 90°，则撞击力大于摩擦力，从而产生击球的摩擦与撞击，或撞击与摩擦的融合度。前者显现出旋转与速度的融合特征，后者体现出力量与旋转的融合特点。

（2）击球时充分发挥下肢蹬力和腰转动力为主的动能，带动上肢形成鞭打之力，使上肢传送力的功能和手操控球拍的功能发挥到极致，增强击球的摩撞或撞摩的效果。

（3）用稍靠球拍顶端的适当部位击球，有利于加强球的旋转。

（4）适当增加球拍摩擦球的距离，如采用下旋技术，用靠近球拍下端，摩撞球的中下部，可以增加球拍摩擦球的距离，从而增强回球的下旋强度。

（5）借用来球的旋转，顺其击球旋转方向擦击球，可加速回球的旋转强度。如用削球技术回击上旋球时，可增强回球的旋转速度。

（6）选用粘性较好的球拍，增大击球的摩擦力，增强回球旋转。

大学生在学习掌握旋转球的过程中，首先应从理论上认知球产生旋转的原理、特点和变化规律；其次要初步掌握加强回球旋转强度的方法，提高击球的感知度。有了上述认知才能有助于大学生的乒乓球实践训练，从而提高运用各种旋转球的技战能力。

三、力量

我们经常用打得凶、旋转强、速度快等指标来评价一个运动员的技能水平。打得凶，实际上就是指击球的力量，击球力量是五要素的基础，力量的发挥主要是为了使球获得更快的飞行速度（常用的有推挡、攻球技术）和旋转速度（常用的有弧圈球、削球技术）。乒乓球的击球动作是一种"摩撞或撞摩"现象。击球的力量主要取决于击球时球拍触球的瞬时速度。击球瞬时速度越大，球承受的力越大，反之则小。而击球瞬时速度与人体肌肉爆发力的大小和动作结构的合理性有密切的关系，二者是瞬时速度的基础条件。另外，瞬时速度同引拍到触球位置之间的加速距离长短，以及挥拍速度的快慢也有关系。

提高击球力量的方法有以下几种：

（1）击球前，用脚步移动调整适合的击球位置，身体与击球点保持一定的加速距离，充分发挥人体自下而上发力的作用。

（2）击球前，转体引拍幅度适当，使手臂和腰的部分肌肉拉长，充分发挥肌肉的收缩力量。

（3）击球时，选择好击球点，充分发挥上肢的鞭打之力，提升挥拍速度。

（4）击球时，掌握好身体发力的顺序和发力时机，应按照腿蹬地，躯干带动手臂，上臂带动前臂，前臂带动手腕的顺序发力，把各关节的最快速度集中在球拍击球的一瞬间，该程序称为鞭打之力。

（5）球击出后，各部分肌肉尽快放松，迅速恢复到准备状态，以免影响下次的击球力量。

（6）经常进行发展肌肉爆发力的专门练习，以提高击球的力量。

四、速度

在乒乓球的比赛和教学、训练中，速度是很重要的，谁的速度快，谁就可以取得主动，速度也是我国直拍快攻打法的技术风格。

（一）击球速度的一般原理

乒乓球在空中飞行通过一段距离与所需的时间的比值，也就是它运动时的速度。根据力学公式 $V = S/t$（速度＝距离÷时间）得知，相同的时间内，物体向前运动所通过的距离越长，其速度越快；在相同距离里，物体向前运动所需的时间越短，其速度也越快。击球速度快慢主要有以下两个方面。

1. 还击来球所需的时间

这段时间是从对方将球击到本方台面的一瞬间（A）算起，至本方回球时球拍触球的一瞬间（B）为止。击球所需时间的长短，主要取决于本方击球时间的早晚，击球时间越早，时间越短，反之则越长。另外，击球所需时间的长短也受对方来球难度和本方技术水平的影响。

2. 击球后空中飞行时间

这段时间是从球离拍的一瞬间（B）算起，至球落到对方台上一瞬间（C）为止。这段时间的长短与下列几点有关：

（1）飞行速度：击球力量大，球飞行速度快。在飞行弧线相同的情况下，球的飞行速度越快，球在空中运行的时间越短。

（2）弧线长度：打出距离越短，弧线的曲度越短，弧线的长度也就越短。在球飞行速度不变的情况下，弧线的长度越短，球在空中运行的时间也就越短。

（二）提高击球速度的方法

（1）击球前，站位靠近球台，上升期击球缩短打出的距离，用"借力"击球方式加快击球速度。

（2）击球时，充分发挥上臂的传力和手指操控球拍的作用，缩短挥拍半径，有利于加快击球速度。

（3）击球时，发挥击球力量，使作用力线尽量靠近球心，适当压低击球弧线，加快回球的速度。

（4）不断提高反应速度和脚步移动速度，使之与击球速度密切配合。

（5）加强摩擦击球系数，降低飞行弧度，可加快（上旋）回球落台反弹的下降速度，缩短对方击球时间。

五、落点

落点是指运动员以合法的手段将球击到对方台面的那一点（即着台点），通常也叫"回球的落点"。当对方也以合法的手段将球回到己方台面弹起的那一点，通常我们把它叫做"来球的落点"。落点是组成乒乓球台面的最小单位，每一个落点都具有价值。从击球点到落台点之间所形成的线，叫击球路线。研究、探索、挖掘乒乓球落点的价值和击球路线，对于提高击球质量、增强战术效果和健身效果都有十分重要的意义。

（一）击球落点的运用

（1）扩大对方移动的范围。落点离对方站位越远，对方移动的范围就越大。回短球时，其落点越接近球网，越能迫使对方上步去回接；回长球时，其落点越接近端线，越能迫使对方后退回接。回斜线球时，球落台后从边线反弹出界比端线反弹出界角度大，落点距网越近角度越大，故威胁也越大。交叉攻两大角，可以调动对方左、右大幅度的移动，从而赢得主动。

（2）增大对方让位的难度。攻对方追身球，落点越接近对方身体，对方让位越困难，从而无法占据合适的击球位置，影响回球质量。

（3）回击对方薄弱点。对方反手弱压反手，中路差逼中路，控制对方，发挥自己的长处。

（4）采用声东击西。设法让对方判断错误造成被动。

（二）提高控制落点能力和变化落点能力的办法

（1）进行各种基本练习时，要求练习者将球回击到所规定的范围内，并逐步缩小范围，加大难度。

（2）按照规定的击球路线和线路变化进行练习，要求练习者一点打多点，多点打一点，逢斜变直，逢直变斜，提高控制落点的能力。

（3）采用多球练习的方法，要求运动员将不同落点、不同旋转、不同速度和力量的来球击中到规定的范围内。

（4）提高腕关节灵活性，经常进行各种专门的练习。

（5）提高手指操控拍形的灵敏性（手感），提升控制回球落点能力。

以上对乒乓球的弧线、旋转、力量、速度、落点五要素的分析，虽然它们的性质、特点各不相同，但彼此互相联系。例如，落点变化很好，但击球弧线高、速度慢、力量弱，旋转不强，那么这个球威力就不大。如果落点不好，即使速度快，力量大，同样也达不到应有的效果。所以各要素是相互联系的，既有相互补充、相互促进的一面，同时也存在相互制约、相互限制的一面，因而我们在教学和训练中，要处理好各要素之间的关系，从而提高运动员的技术水平。

第四节　击球动作的基本环节

判断来球、选位移动、挥拍击球、迅速还原是击球的四个基本环节。在对方击球过程中，本方首先要从对方击球瞬间的拍面朝向判断来球的方向，其次从来球的飞行弧度判断来球的落点，移动步法选好位置，合理地挥拍击球，迅速还原做好下一个回球的准备。在我们的教学、训练中要充分理解这几个环节，以便指导学生实践。

一、判断来球

当对方准备击球时，判断就开始了，主要是判断来球方向、旋转性能、力量大小和速度快慢。

（一）判断来球方向和线路

（1）根据对方球拍触球时的拍面朝向判断来球的方向，以方向判断来球的路线。例如，对方在右角触球时拍面朝向正对本方的右角，来球是右方斜线球；在右方触球时拍面朝向正对本方左角是直线球。

（2）根据来球通过球网时的位置来判断。例如，在球台右角触球，球从球网中间越过，一般是斜线球；在右方触球，球从球网的左边越过，来球则为直线球。

（二）判断来球的旋转性能

（1）根据对方引拍的方向判断旋转性能。正常情况下，回球呈下旋，击球者要向上引拍；回球呈上旋，则向下引拍；回球呈右侧旋，向左引拍；回球呈左侧旋，向右引拍。

（2）根据对方触球情况判断来球旋转强弱。对方触球时摩擦多，撞击少，则旋转较强；若撞击多，摩擦少，则旋转较弱。

（3）根据对方触球声音判断球拍性能。一般不同类型的球拍，其击球的声音都有不同特点，根据不同的声音判断来球的旋转强弱及性质。

（三）判断来球力量大小和速度快慢

从力学的角度出发，判断来球力量大小、速度快慢，则另有道理，即在相对同等的力量下，转动半径大，则速度慢而力大；转动半径小，则速度快而力小。挥拍击球同样遵循力学规律。因此，挥拍幅度大则力大，反之则速度快。二者在击球的时间运用方面有别，上升期击球选择动作小，突出速度与旋转的融合。高点期击球选择动作幅度大，突出力量与旋转的融合。

（四）判断来球力量大小、速度快慢

一般来说，动作幅度大，挥拍速度快，力量则大，速度也快；反之，力量则小，速度

也慢。

二、选位移动

移动是根据来球飞行方向和击球的力量、落点，迅速移动位置。击球者击球命中率和击球质量的高低与移动步法的快慢有很大关系。移动快，抢占了有利的位置，就可以保证回球的质量。灵活的步法移动还取决于大脑的反应速度、判断能力以及全面的身体素质。因此在教学、训练中要把手法练习、步法练习、身体素质三者结合起来练习，这样有助于技术的全面提高。

（一）选位判断法

（1）判断来球方向：观察对方拍击球瞬间拍形的朝向，判断来球所指的球台区域。

（2）判断来球落点：根据来球飞行至球网上空的弧线高度和下降速度，判断来球落点长短。一般情况下，来球弧高，下降速度快，可视为短球；反之则视为长球；来球弧线低、速度快可视为规律球。

（3）判断来球线路与方向。根据来球飞行至球网中部上空的空间位置，判断来球的线路：一般情况下，来球的空间位置稍偏离球网中间右方，来球线路为右方内斜线偏右，则视为右方外斜线，反之则视为左方内斜线和外斜线。

（二）移动方法

移动方法可参见第三章第二节内容。

（三）移动时机

来球速度慢，活动范围稍大，球在空中飞行时身体就可移动；来球速度快，活动范围小，身移步不移；来球速度适中，活动范围大，球落台反弹，移动与击球动作相融；来球力量大，活动范围小，步法向后移动，这时的来球速度快，应观察球反弹，身带步追球移动。

三、挥拍击球

在判断和移动步法完成的同时，必须关注来球的弧线、落点、旋转的性能、旋转的强弱，根据自己的打法特点，确定合理的技术回击。在大学生的乒乓球教学中，首先要固定击球点、击球时间和线路，然后正确地掌握触拍部位、触球部位和发力的方向。

（一）击球点

击球点一般应在身体一侧的前面，如同常规看书的距离。但是，不同的技术，其击球点也有所不同。如攻球要比弧圈球击球点略前、略高，削球要比弧圈球击球点低。合适的击球点同步法移动有很大的关系，没有快速的步法移动就不会有合适的击球点，而且技术动作易变形。

（二）击球时间

各种类型的打法，其击球时间都各具不同特点，一般快攻型打法以速度为主，多在上升期击球；弧圈型打法多在高点期前后击球；削攻型打法多在下降期击球。对于没有形成类型打法的大学生来讲，在学习单项技术过程中可以相对固定击球时间，在提高技术水平的同时，再进一步学习掌握变化击球时间的技术。

（三）击球部位、触拍部位及发力方向

不同的技术可还击不同的来球，其击球部位、触拍部位、发力方向的一般情况是：

（1）攻球对上旋来球：一般击球的中上部，用前倾拍形挥拍击球。

（2）击打下旋来球：一般击球的中部或中下部，用拍形90度向前上方用力挥拍。

（3）削球对上旋来球：一般击球的中下部，触球拍左下部位，向前下方用力。

（4）拉弧圈球对付各种旋转球：一般拉加转圈球击中部，向前上方用力；拉前冲弧圈球一般击球中上部，向前上方用力。

在教学中，提高击球的触拍部位和发力方向的准确性，要求学生必须对每一板球进行认真体验，不断地积累感知经验，体会用力的感觉，形成身体的本体感应记忆。

四、迅速还原

迅速还原是指每次击球后努力使身体还原，包括重心、站位、动作、步法和参与击球的肌肉群的放松等。快速还原成基本姿势，为下一板击球赢得充分的准备时间。乒乓球项目最大的特点是速度快，每次击球后都将身体还原到原来位置是有一定难度的，教学中应对学生提出要求，培养学生积极努力掌握还原技能，逐步养成击球还原的良好习惯。

以上四个基本环节，贯穿于每一次击球的过程中，准确的判断是击球的依据，快速的步法移动是击球的生命，合理的击球技术是击球的关键，迅速还原是击好每个球的前提条件。因此，需要学生充分理解这四个基本环节，并且指导于实践。

第三章　乒乓球基本技术

第一节　基本站位和基本姿势

正确的基本站位与基本姿势，有利于迅速启动和移动步法，抢占合理的击球位置，发挥自己的技术特长。

一、基本站位

基本站位应当与不同类型打法及个人打法特点相适应。大学生在教学、训练中，应随着技术的不断提高，打法类型的逐步形成，相应地对基本站位提出一定的要求。

（1）快攻型：左推右攻打法的基本站位在近台中间偏左；两面攻打法的基本站位在近台中间，如图 3-1 所示。

图 3-1　快攻型站位

（2）弧圈型：以弧圈球为主的打法，基本站位在中台偏左的位置，如图 3-2 所示。

图 3-2　弧圈型站位

（3）削攻型：攻削结合打法的基本站位在中台附近，如图 3－3 所示。以削为主打法的基本站位在中远台附近，如图 3－4 所示。

图 3－3　削攻结合站位

图 3－4　以削为主站位

二、基本姿势

击球前，两脚平行站立，宽约一肩半，两膝微屈，重心置于两脚之间，稍含胸收腹，两眼注视对方球拍。执拍手手臂自然弯曲，置于身体前方（右手执拍），手腕放松，拍头指向球网，拍子在球台端线外。保持下宽上窄的塔形，它可增加稳定性，提高击球时重心交换的控制力，加快还原的速度。

三、教法提示

（1）掌握基本站位、基本姿势的正确概念，了解基本站位、基本姿势的意义和作用。

（2）在各种技术练习中，要求学生及时恢复基本站位，还原基本姿势。

（3）在教学、训练过程中，及时检查、纠正学生错误的基本站位和基本姿势。

第二节　基本步法

步法移动是乒乓球运动的生命。步法移动快捷、灵活、实用，可确保击球的速度、力量、旋转得以充分发挥，提高击球质量。因此，在大学的乒乓课教学中，应重视步法的教学，使手法的练习同步法的练习紧密结合起来。

一、基本步法

乒乓球常用的基本步法有单步、跨步、跳步、并步、交叉步及组合步法六种。

（一）单步移动方法

以一脚前脚掌为轴，另一只脚向前、后、左、右不同的方向移动，如图 3－5 所示。

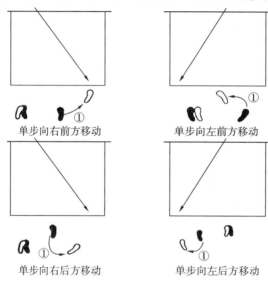

单步向右前方移动　　　　　　　单步向左前方移动

单步向右后方移动　　　　　　　单步向左后方移动

图 3－5　单步移动法

作用：可在来球角度不大、小范围内运用，是各种打法常用的步法之一。

（二）跨步移动方法

向来球方向跨出一大步，如图 3－6 所示。

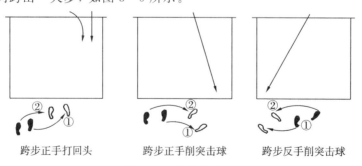

跨步正手打回头　　　　跨步正手削突击球　　　　跨步反手削突击球

图 3－6　跨步移动法

作用：近台快攻型运动员常用它来对付来球急、角度大、离身体稍远的球，削球打法有时也会用它来对付突然的攻击。

（三）跳步移动方法

一脚用力蹬地，使两脚离开地面，同时向前、或后、或左、或右跳动，如图 3 - 7 所示。

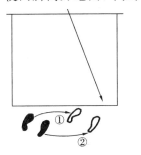

图 3 - 7　跳步移动法

作用：弧圈球打法常用此步法，快攻型打法常用跳步侧身，移动范围比单步、跨步大。正手位击球跳步移动的时机为来球反弹瞬间，步法应与击球动作融合。跳步侧身的起动时机为对方拍击球瞬间，跳步移动使身体重心形成自由落体为更佳。

（四）并步移动方法

来球远侧方的脚先向近侧方靠一步，然后近侧方的脚再向来球方向迈一步，如图 3 - 8 所示。

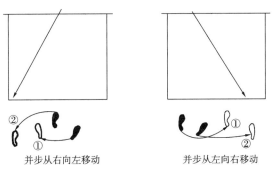

并步从右向左移动　　　　　并步从左向右移动

图 3 - 8　并步移动法

作用：削球打法常用的步法之一，快型或弧圈打法在做小范围移动也偶尔运用此步法。

（五）交叉步移动方法

来球反方向的脚向来球方向移动一步，另一只脚迅速向来球方向迈一步，如图 3 - 9 所示。

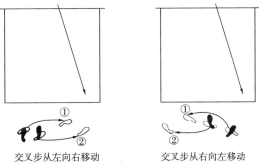

交叉步从左向右移动　　　　　交叉步从右向左移动

图 3 - 9　交叉步移动法

作用：主要用于对付离身体较远的来球，如快攻或弧圈球打法在侧身进攻后扑空档，削球打法也常用此步法。移动时机为来球落台反弹瞬间。在这一瞬间，用交叉步移动法来扑打和追打来球。

二、步法的运用

下面首先介绍一下动力脚和制动脚。

动力脚指引拍与击球前形成的身体重心支撑脚，即蹬地用力脚。制动脚指支撑击球惯性的脚。动力脚好比汽车的油门，制动脚好比汽车的刹车。

移动用力方法：击球时动力脚蹬地，使身体腾空，这时制动脚落地，支撑惯性力。动力脚落地可制动惯性，还原身体的能量。

乒乓球步法在实际运用中比较复杂，但通过分析，还是有一定的规律可循的。下面介绍攻球类（包括弧圈类）打法的步法和削球类打法的步法运用。

（一）攻球类打法的步法运用

攻球类基本步法分为单步（如图 3-10 所示）、跨步（如图 3-11 所示）和跳步（如图 3-12 所示）。

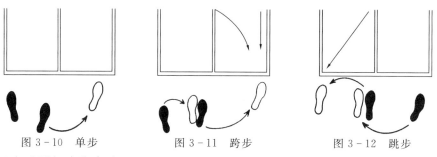

图 3-10　单步　　　　图 3-11　跨步　　　　图 3-12　跳步

1. 回击近网短球的步法

右方近网短球以右脚单步上前正手回接；左方近网短球以左脚单步上前反手回接；中路近网短球以左脚上前正手回接。

2. 侧身进攻的步法

来球在身体中间偏右的位置可运用单步；反手位来球运用跨步；弧圈球打法侧身攻多运用跳步；快攻打法在侧身正手扣杀时，也会运用这种步法，如图 3-13、图 3-14、图 3-15 所示。

重点提示：侧身攻应用组合步为宜。组合步：指前一板击球身法与侧身步融为一体，其中包括进攻的意识组合、击球方式与侧身攻步法的组合等，如快搓、摆短、捅长、反手攻、反手切等技术的运用与侧身攻的步法组合。

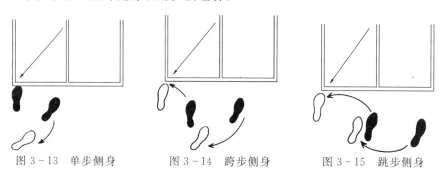

图 3-13　单步侧身　　　图 3-14　跨步侧身　　　图 3-15　跳步侧身

3. 从左到右及从右到左的步法

快攻类打法通常把单步、跨步、跳步、并步、交叉步等几种步法结合起来，根据来球的不同情况加以运用，如快攻打法较多采用跨步结合跳步向左、右两侧移位的方法，如图 3 - 16 所示，也有采用连续跳步向左、右两侧移位的方法，如图 3 - 17 所示。

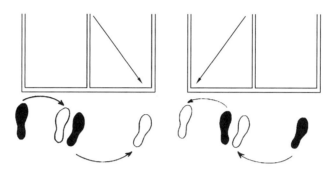

图 3 - 16　跨步结合跳步

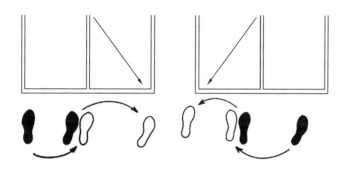

图 3 - 17　连续跳步

（二）削球类打法的步法运用（包括削攻）

1. 回击近网短球的步法

离台较近时多采用单步或跨步移位。从中远台接球时多采用并步或交叉步上位。

2. 从左到右及从右到左的步法

一般把几种基本步法结合起来，并根据来球的不同情况灵活运用。如小范围的左右移位时，多采用单步和并步结合的方法；较大范围移位时，多采用并步和跨步结合的方法；进行大幅度的移位时，多采用交叉步。返回时以跳步或并步进行调整，再以单步或并步来移位。

3. 从后到前和从前到后的步法

从前到后进行移位时，一般采用单步或跨步后退去回接同方向的长球，用并步或跳步后退去回接反方向的长球。如来球速度快、角度大，则运用交叉步后退去接球。

4. 削追身球的步法

中间偏左的来球，多采用跨步向右移位，用反手回接；中间偏右的来球，多采用单步向左移位，用正手回接。

三、教法提示

（1）向学生讲解步法的重要性，并进行各种步法同技术运用中的示范。

（2）结合个人打法和击球方式，徒手进行步法练习和组合步法的练习。

（3）结合挥拍动作进行各种步法练习。

（4）教师利用手势或口令，学生按照指示的口令、手势，迅速反应，及时启动进行练习。

（5）采用多球的练习方法。供球的难度随着技术的提高逐渐加大，如范围从小到大，速度由慢到快，从有规律到无规律。

（6）结合身体素质练习，增强下肢启动速度和爆发力。

（7）教师及时检查、纠正影响学生移动速度的错误姿势。

第三节　发　　球

乒乓球的发球技术可以不受对方的制约，根据规则要求选择合适的站位，按照自己的意图把球发到对方球台的任何位置上去，控制对方进攻，限制接发球手段为自己进攻创造有利条件，甚至造成对方接球失误。因此，发球对对方有很大的威胁性。大学生在形成个人特长技术的同时，应精练一、两套与本身技术相适应的发球技术，以利于在比赛中争取主动。

最简单、常用的基础发球是正手平击发球，如图 3-18 所示。

图 3-18　正手平击发球

正手平击发球的动作要点：

（1）发球时持球手将球向上轻轻抛起（不得低于 16 厘米），同时持拍手向后引拍，上臂自然靠近身体右侧。

（2）当球从高点下降时，持拍手以肘为轴，前臂向右前方横摆击球。

（3）向前挥拍时，拍面稍前倾，击球的中上部。

（4）击球后第一落点应在球台的中区。

平击发球的特点是：动作简单，容易掌握，是初学发球的入门技术。

下面简单介绍一下竞技性发球。

一、低抛发球

（一）低抛反手发球

低抛反手发球的站位一般是在左半台（特殊战术情况下站位于球台中线附近），身体与球台的距离约为30厘米左右，但可根据身材的高矮加以调整。反手发球能比较全面地照顾整个球台，有利于两面进攻，故被直、横拍两面攻打法和削球打法的运动员较多地采用，左推右攻打法的运动员也常采用反手发球。反手发球站位一般在左半台偏左处，两脚开立，右脚稍前，抛球手前伸，执拍手臂以身体向左转引拍，以腰带臂增大发球动作的速度和力量。用同一种方式发出各种不同性能的球，其站位及准备动作应尽可能地相似，有利于增加对方接发球的难度。

1.反手发急上旋长球（如图3－19所示）

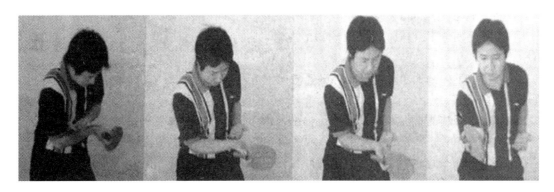

图3－19　反手发急上旋长球（奔球）

反手发急上旋长球的动作要点：

（1）发球时持球手将球向上轻轻抛起，同时持拍手向后引拍，上臂自然地靠近身体一侧。

（2）当球从高点下降时，持拍手以肘为轴，前臂向右前方弹摆击球。

（3）触球时拍面稍前倾，撞擦球的中上部，使球快速前进并具有一定的上旋。

（4）球离拍后，第一跳要落在球台端线附近。

反手急上旋长球的特点是：速度快，弧线低，线路长，前冲力大，是快攻型打法的常用发球技术。

2.反手发近网短球

反手发近网短球的动作要点：

（1）反手发短球的准备动作与发急长球相似，不同点是手臂先向后上方引拍。

（2）当球下降至比网稍高时，拍形后仰前臂向前下方轻弹擦制动，触球中下部。

（3）球离拍后，第一跳要在台面中后区迅速还原。

反手发近网短球的特点是：力量轻，落点靠近球网，使对方难以发挥攻击优势。发短球一般和发急上、下旋长球和侧上、下旋长球结合运用。

3. 反手发急下旋球（如图 3－20 所示）

图 3－20　反手发急下旋球

反手发急下旋球的动作要点：

（1）反手发急下旋球时拇指压球拍的左肩，使拍面稍后仰。发球前，前臂先向后上方引拍。

（2）当球下降到低于球网，前臂迅速向前下方用力撞擦球的中下部，使球快速前进并具有一定的下旋。

（3）利用手腕的惯性在球拍触球之前擦球的中下部，以加快急下旋球的速度。

（4）球离拍后，第一跳要落在球台端线附近并快速还原，准备击球。

反手发急下旋球的特点：球的速度较快，带有一定下旋，对方接球时不易借力。

4. 反手发右侧上、下旋球（如图 3－21、图 3－22 所示）

图 3－21　反手发右侧上旋球

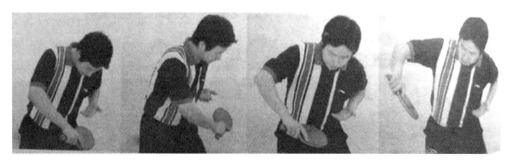

图 3－22　反手发右侧下旋球

反手发右侧上、下旋球的动作要点：

（1）持球手将球抛起成倒"∩"形后，持拍手向身体左后上方引拍。拍面稍后仰，手腕屈，便于手腕发挥鞭打之力。

（2）发右侧下旋球时，转体带臂，使持拍手由左后上方向右前下方挥摆形成鞭打，擦击球的左侧中下部。球落入本方球台端线附近后，快速还原。

（3）发右侧上旋球时，引拍与挥拍方法同发右侧下旋球，只是触球时拍面从球的左侧中下部向右侧下部摩擦。

（4）如发长球，第一跳要落在本方台面端线附近；如发短球，第一跳要落在本方台面中区。

反手右侧上、下旋球特点：动作相似，旋转变化大，比赛中两者结合起来变化运用，会增加对方接球的难度。

5. 反手发下旋加转球与不转球（如图3-23所示）

图3-23　反手发下旋加转球与不转球

反手发下旋加转球与不转球的动作要点：

（1）这套发球法横拍运动员运用较多。球拍触球时拍面较平，以转体带臂向前方挥拍摩擦球的底部，发出下旋球。

（2）触球时拍面较平，以转体带臂向前轻碰球的底部发出不转球。

反手转与不转球的特点：动作相似，触球点相同，出手迅速，线路短，对方不易发挥攻势，给自己抢攻创造有利机会。

（二）低抛正手发球

低抛正手发球可分为正手位发球和侧身位正手发球两种。无论采用哪种，一般都是左脚在前，右脚在后，身体略微向右以左腿为轴转动，两膝微屈，上体稍前倾，持球手自然置于身前，持拍手置于持球手的后面。这是正手发球常见的准备姿势。

1. 正手发右侧上旋急长球（奔球）

正手发右侧上旋急长球的动作要点：

（1）当持球手将球向上抛起后，持拍手随即向右后上方引拍，手腕放松，拍面较垂直。

（2）当球从高点下降时，转体带动手臂由右后方向左前方挥摆。

（3）在拍面触球的一瞬间，拇指用力压拍左肩，手腕同时从后向前使劲抖动，球拍沿球的右侧中部向中上部摩擦球。

（4）球离拍，由于具有较强烈的右侧上旋力，使球越网后向对方右角偏斜前进。球落入本台端线附近后应快速还原，准备击球。

正手右侧上旋急长球的特点：球速快、角度大，突然性强，并向对方右侧偏拐，是直拍推攻打法常用发球技术。

2. 正手发左侧上、下旋球（如图 3-24 所示）

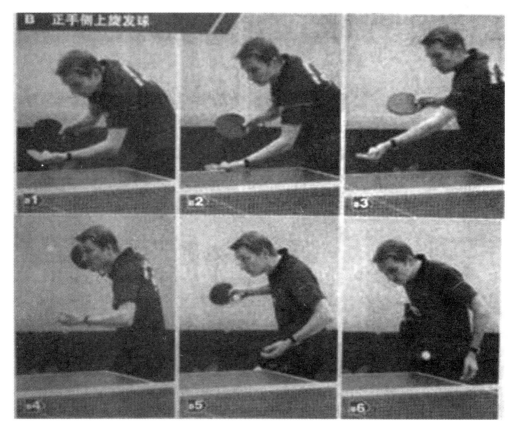

图 3-24　施拉格正手发左侧上旋球

正手发左侧上、下旋球的动作要点：

（1）站位左半台，以左脚为轴心点。当持球手将球向上轻轻抛起时，转体带动持拍手迅速向头一侧后上方引拍。

（2）发左侧下旋球时，手臂自右后上方向左前下方挥拍，球拍从球的右侧中下部向左侧下部摩擦球。重点是手腕背伸 90°向 180°抖动易发出左侧下旋球。从手腕与前臂成 180°向手腕屈 270°的过程中，擦击球中部易发出左侧旋球。从手腕屈 270°向 360°转动过程中，从球 6 点位置向 7 点位置方向擦击，发出左侧上旋球。难点是：其一，抛球手必须为持拍手提供高质量的服务；其二，球下降速度与挥拍相融合；其三，摩擦球系数的大小与发球质量成正比关系；其四，球触拍部位点与拍触球部位易出差错；其五，发左侧下旋球时，手腕屈度难掌控；其六，发球的还原速度过慢，很难与抢攻衔接。

（3）当球拍触球时，如能用手腕辅助发力，将能增大球的旋转。

动作特点：正手发左侧上、下旋球，动作隐蔽，手法相似，旋转差距大，是各类打法重要的发球技术。

3. 正手发下旋球与不转球（如图 3 - 25 所示）

图 3 - 25 正手发下旋球与不转球

正手发下旋球与不转球的动作要点：

（1）持球手将球抛起后，持拍手向后上方引拍，拍呈横状并略微前倾。

（2）发下旋球时，手臂由后上方向前下方挥摆，前臂加速旋外，手腕形成鞭打之力，使拍形后仰，以球拍左下部摩擦球的底部，发出下旋球。

（3）发不转球时，技术动作与发下旋球相同，拍触球时碰球的底部，发出不转球。

正手发下旋球与不转球的特点：主要是以相同的技法和旋转的变化来迷惑对方，争取主动。

二、教法提示

（1）发球技术教学中，应该由浅入深，如先学习平击发球，在平击发球的基础上，再学习发急球、短球和各种不同旋转的球。

（2）开始练习，首先感知发球准备姿势，模仿抛球及发球的动作。

（3）用多球进行发球练习，从不定落点到规定落点，从发各种旋转性能的球到同一手法发出不同旋转和落点的球。

（4）结合规则对发球的要求进行练习。

（5）在熟练掌握一两种主要发球方法的基础上，将发球组合配套，反复练习。

（6）发球结合抢攻，提高发球抢攻意识，掌握回球规律。重点是感悟发球与抢攻的衔接，难点是感悟发球抢攻意识的形成。

（7）发球应处理好以下几个关系：

① 服务关系。抛球手与持拍手的关系是服务关系，抛球必须为发球提供优质的服务，满足其所需条件。

② 等待关系。其一，规则规定：发球时球抛起的高度不得低于 16 厘米，球必须在下降期触击。其二，球下降的速度慢于挥拍的速度，所以球与拍是等待的关系。

③ 点与面成正比关系。发球时，拍面触击球体的某个点，在力的作用下产生旋转。面点触击正确则发球质量高，反之发球质量差。因点有破面之力，面有载力之功，功到自然成。它们与点触击拍面形成的半径有很大关系：半径越小，点力破面越易；半径越大，载力

功越强。

④ 入射角与反射角成正比关系。

⑤ 发球第一落台点与发球线路的距离长短成正比关系。第一落台点靠近端线，则发出长球；第一落台点远离端线，则易发出短球。

第四节　接　发　球

一、接发球的重要性和要求

乒乓球比赛首先是从发球和接发球开始的，比赛中接发球不好，不仅会形成发球抢攻的被动局面，而且自身心理上会形成紧张和畏惧的阴影，出现一连串的失分现象，导致全局的失败；反之，接发球技能好，不仅可以直接得分，而且还可以破坏对方的抢攻，从而为自己的进攻和主动防守创造有利的条件。因此，在大学生的乒乓球教学、训练中要重视提高学生接发球的技能。接发球的手段很多，通常有推挡、搓球、攻球、拉球、削球等技术。对接发球的要求，首先，在思想上要具有先发制人、力争主动的意识，形成抢先上手的主动局面。没有机会进攻要设法控制好落点，使对方很难抢攻，或进攻威胁小。其次，养成主动防守的意识。在接发球技术上要解决好两个问题：第一，接好台内短球（包括转与不转的短球）。因为近年来弧圈球技术的发展，要避免对方在接发球时拉出强烈弧圈球或发挥快速进攻，大多都以发各种旋转的短球为主，配合长球和急球。其目的是限制对方抢攻，或控制抢攻的手段，形成主动防守的局面。第二，在接发球时要特别注意判断发球的速度、落点、旋转的变化。接发球水平的提高，是建立在发球质量高的基础上的，二者是相互竞争和相互促进的关系。

二、接发球的方法

（一）选择合适的站位

根据对方发球位置选择合适的站位。一般来说，对方站在球台的右角，接发球站位应靠右一些；对方站在球台的左角，接发球站位应靠左一些。对方究竟要发什么样的球，有时很难预料，所以选择站位要有全局意识，照顾球台的各个部位，站位不宜过远或过近，一般离台 50～70 厘米。

（二）准确识别发球的旋转和落点

接发球的关键是判断、识别。应关注对方球拍与球接触瞬间球触拍的位置、拍触球的部位、球拍的移动方向，以及用力程度和摩擦与撞击融合系数的比例。摩擦大于撞击则旋转强，撞击大于摩擦则速度快。一般来说对方发斜线球，手臂常会向斜前方用力；对方发直线球，手臂由后向前用力。发球时手腕抖动摩擦球体，旋转较强。要看准球拍触球瞬间动作，识别发球的旋转性质，判断发球的落点长短。切记发球技能动作组成发球的成套技术。每一技能动作均为真实的，只是发球时触球的刹那间用上的技能为真，没使用的技能动作则为假，可谓真假皆有使用价值，只有这样才不会被对方的假动作所迷惑。

（三）区别不同性能的球拍

在遇到使用长胶粒与反贴胶皮相结合的两面不同性能球拍的对手时，主要是看球拍的颜色，判断识别发球的旋转的性质，其次可以听对方球拍击球的声音来区别不同的旋转。一般来讲，击球声音较响的那一面是长胶粒，声音不太响的那一面是反胶。

（四）接好各种旋转球

接发球的原则是：逆则昌，顺则亡。其中包括：拍形逆向、动作反向和反向用力击球等。

对方发的旋转球，一般是逆着对方发球旋转进行还击，如回接左侧旋发球，拍面触球右侧偏斜；接右侧旋转球，拍面触球左侧偏斜；接上旋发球时，拍形前倾，击球的中上部；接下旋发球时，拍形后仰，击球的底部；接左侧上（下）旋发球时，拍形略为前倾（后仰），拍面朝向略右侧偏斜，多向对方的右下（上）方用力击球；接右侧上（下）旋发球时，拍形略为前倾（后仰），拍面朝向略朝左侧偏斜，多向对方的左下（上）方用力击球。

三、教法提示

（1）练习接各种发球前，必须事先掌握推、搓、削、攻、拉等技术。学生接发球的能力取决于技术水平的掌握、观察、判断和识别能力的提高。

（2）教师讲解、示范，学生体会，弄清各种发球的性能和区别，同时教给学生接球的原则、方法和动作要领。

（3）教师采用相似手法，发不同性能的球，学生进行观察、判断和识别，并说出球的性能及对策。

（4）教学中发球与接发球结合进行，一方专门练发球，一方专门练接发球。

（5）固定旋转、固定落点，采用固定的方法接发球。

（6）发球方配套发球，接球方用各种规定的方法接球。

（7）发球方用相似手法发出各种不同的球，接球方准确判断识别，主动识别感悟各种接发球的技术。

（8）在各种基本技术练习中，从发球、接发球开始，提高实战能力。

第五节　挡球和推挡球

推挡是我国直拍快攻打法的基本技术之一。它的特点是站位近、动作小、球速快、变化多。比赛中运用它可牵制对方，调动对方，争取主动，在被动时可以积极防御，从相持变为主动。

一、各种推挡技术

推挡球包括平挡、快推、加力推、减力推、下旋推挡、推挤等。

推挡技术动作，根据击球者身材高矮的不同，站位离台约 50～70 厘米左右，大多站在球台左半台的三分之一处；两脚开立，比肩宽（以右手握拍为例），左脚稍前，右脚稍后，两脚前后距离相差半脚左右，或两脚平行；上体稍前倾，身体重心在两脚间，两膝微屈；拍呈半横状，拍面与球台面约成 90°；握拍时食指稍用力，拇指放松，肩部放松，上臂和肘部自然靠近身体右侧，同握手姿势。

(一) 平挡(如图 3-26、图 3-27、图 3-28 所示)

图 3-26 直拍正手平挡球

图 3-27 直拍反手平挡球

图 3-28 横拍反手平挡球

　　平挡是掌握推挡的基础，是熟悉球性，感知击球节奏、速度、力量、旋转的基石。平挡的特点和作用是：借力还击，力量轻、速度慢、线路短，对方进攻时可作为一种防御手段。

　　平挡的动作要点：

　　(1) 拍面近乎垂直，略高于台面。

　　(2) 上升前期触球。

　　(3) 堵截来球线路。

　　(4) 借助来球反弹力将球挡回。

（二）快推（如图 3 - 29 所示）

快推指推与挡的组合。

图 3 - 29　快推

快推的特点和作用是：回球速度快于挡球，变线灵活，回球速度快，使对方左右应接不暇，造成直接失分或漏出机会，为自己主动进攻创造条件。快推一般适用于对付旋转较弱的拉球、推挡球和中等力量的突击球。

快推的动作要点：

（1）击球前略转体带动手臂引拍（动作要小）。

（2）击球时转体带动手臂迅速迎前，在来球的上升期触球。

（3）触球一刹那前臂稍外旋配合手腕外展动作，形成拍击球的中上部，手臂主要向前稍微向上辅助用力。

（4）转体带动手臂引拍的优势：躯干肌肉群大，不仅力量大，而且稳定性强于手臂则适合发力。手臂灵活性强于躯干，则臂适合于传递力量，手适合于操控球拍，形成变化。这种击球方式不仅适合身体的生理结构，而且符合击球用力的规律，更利于快推与正手攻球的组合运用，形成组合步法的雏形。

（三）加力推（如图 3 - 30 所示）

图 3 - 30　加力推

该项技术的使用率少于快推，适用于创造进攻机会。

加力推的特点和作用是：回球力量大，球速快，有落点变化，与减力挡配合使用，能更有效地牵制对手，为自己进攻创造机会。加力推挡适用于对付速度较慢、旋转较弱的上旋球或力量较轻的攻球及推挡等来球。

加力推的动作要点：

（1）击球前前臂必须提起，上臂后收，肘部贴近身体。

（2）在上升后期或高点期击球。

（3）击球时转腰送臂，使拍形成鞭打之力，并用中指顶住拍背向前用力。击球瞬间发挥出鞭打的爆发力。

（四）减力挡（如图 3 - 31 所示）

图 3 - 31　减力挡

减力挡的特点和作用是：回球弧线低、落点短、力量轻，与加力推挡配合运用可以调动对方，使其前后奔跑，自己则可以伺机进攻，取得主动。减力挡一般是在加力推或正手发力攻迫使对方离台后使用，是对付中台两面拉弧圈球打法的有效战术。

减力挡的动作要点：

（1）击球前不用撤臂引拍，可稍屈前臂使球拍略为提高，拍面稍前倾。

（2）当球在台面弹起时，手臂向前移动，同时身体重心略升高。在上升期触球，整个动作以借力回缩球拍为宜。

（3）在球拍触球的刹那间，手臂和手腕要稍向后缩。

（五）下旋推挡（如图 3 - 32 所示）

图 3 - 32　下旋推挡

下旋推挡特点和作用是：回球落点长，弧线低，带下旋。在相持中突然使用下旋推挡可以改变回球的旋转性能，增大了对方的击球难度。但是下旋推挡发力不能太大，用它对付上旋球有一定困难，只能作为辅助技术。下旋推挡可用于对付对方发过来的急下旋球、用长胶和防弧圈胶皮搓过来的球，以及带下旋的推挡球。

下旋推挡的动作要点：

(1) 在高点期或下降前期切击球。

(2) 击球时拍形稍后仰，触球的中下部，向前下方用力。

(3) 以前臂发力为主，手腕触球时可适当向前下方切击，以增大球的下旋。

二、教法提示

(1) 介绍推挡球的特点和作用。

(2) 教师示范，使学生建立正确的动作概念。

(3) 徒手做挡球和推挡球的模仿动作，体会动作要点。

(4) 对着镜子或两人一组互相帮助进行挥拍练习。

(5) 两人对挡练习，不限落点，要求击球过网。

(6) 陪同练习，教师陪学生或者一技术好一技术差的两人进行台上对练，以利于尽快掌握技术动作。

(7) 两人先练挡中线，再练挡斜线，逐渐加力，体会前臂和手腕的推挡动作。

(8) 反手推挡斜线练习，逐步加快速度，体会快推动作。可以一人先挡一人快推，然后两人都进行快推，互相轮换。

(9) 一人用均匀的力量推挡，一人逐渐加力。二人轮换。

(10) 两人全力推挡。

(11) 一人用均匀力量推挡，另一人在推挡中结合下旋推挡。

(12) 先对推斜线，再对推直线；从一点推两点到推不同的点。

(13) 推攻结合练习。

① 一人攻球，另一人推挡。二人轮换。

② 一人攻球，另一人做加力推结合减力挡的练习。二人轮换。

三、推挡应注意的问题

(1) 准备姿势挺胸、挺腹，两脚间距过窄，两膝较直，女同学较为严重。

(2) 上臂和肘部离开身体右侧，影响推球的速度和发力。

(3) 推球前，没有转体带臂引拍，击球距离太短，影响发力。

(4) 推球前，不会利用身体重心的移动和腰部的力量。

(5) 推挡时，拇指不会放松，手臂手腕过于僵硬。

(6) 推挡时，不会配合脚步移动来取得合适的击球位置。

(7) 推挡时，不看来球的反弹高度，凭感觉击球。

(8) 上下肢、躯干协调性差，下盘与上体分离，难形成技术组合的雏形。

第六节　攻　　球

攻球是乒乓球技术中重要组成部分，具有力量大、速度快等特点，在比赛中常常使对方陷于被动和失误，是比赛中争取主动、克敌制胜的重要手段，各类打法都必须掌握攻球技术。

一、各种攻球技术

攻球技术分为正手攻球、反手攻球和侧身攻球三大部分，各部分分别包括近台攻球、中远台攻球、快拉球、扣杀球、台内攻球、攻弧圈球、杀高球等各种技术。每种技术的特点不同，其所起的作用与运用也不一样。

（一）正手近台快攻（如图 3-33 所示）

图 3-33　正手近台快攻

正手近台快攻的特点和作用是：正手近台快攻是对攻战中常用的一项主要技术，具有站位近、动作小、速度快、有一定力量的特点。可以为扣杀创造机会，也可以直接得分。

正手近台快攻的动作要点：

动作原则：上体相对固定形成臂传力，手操控球拍形成鞭打之势。下盘移动和脚蹬地转体成为击球动力的来源。

（1）左脚在前，右脚稍后，离台约 50 厘米。击球前，手臂成握手姿势握拍，稍向右转体带臂引拍至身体右侧。

（2）前臂与地面略平行，转体带动前臂发力，拍面略前倾触球中上部。

（3）触球时，拇指压拍，食指放松，前臂旋内。击球后，球拍顺势挥至额前左侧，身体重心随挥拍击球动作由右脚移到左脚，完成重心交换。

（4）球击出后迅速还原，手臂放松，准备下一板击球。

（5）自下而上带动肢体用力，是确保重心交换的根本法则。

（二）正手中远台攻球（如图 3-34、图 3-35 所示）

图 3-34　直拍正手中远台攻球

图 3 - 35　横拍正手中远台攻球

正手中远台攻球的特点和作用是:中远台正手攻球是击球者在中远台对攻时常用的一项技术,特点是力量较大,进攻性强。但由于离台较远,需要照顾的面较广,因此步法移动的范围也比较大。比赛中,运用中远台攻球有时也能直接得分或为扣杀寻找机会。

正手中远台攻球的动作要点:

(1)站位中远台,准备姿势和引拍动作与正手近台快攻相似,但动作幅度稍大。

(2)击球时,动力脚蹬地转体,带动上肢挥拍发力,上臂带动前臂向左前上方发力为主,手指控制拍面角度。重心前移,在来球高点期或下降前期击球中上部或中部。重心前移的惯性受制动脚的支撑,完成重心交换。

(3)以运用腰、腿的力量为主。使手臂形成鞭打式挥拍,击球瞬间显出爆发力。

(三) 正手快拉球(拉抽球)(如图 3 - 36 所示)

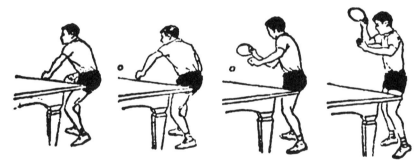

图 3 - 36　正手快拉球

正手快拉球的特点和作用是:正手快拉球通常也叫拉攻或拉抽球,是对付下旋球的重要技术。它具有速度较快、动作较小、线路活的特点,能为扣杀制造机会。快拉与快攻的明显差别是快攻技术击球时,撞击力大于摩擦力;快拉技术则摩擦力大于撞击力。如今乒坛高手摩撞击球为首选方式。

正手快拉球的动作要点:

(1)站位近台,击球前准备姿势和引拍动作与正手近台攻球相似,但前臂略下沉。

(2)拉球时,前臂发力为主在来球下降前期或高点期,手腕同时向前向上用力摩擦球,以便制造弧线。

(3)拉球时,判断好来球下旋的程度,来球下旋强,球拍向上摩擦球的力量要大些,弧线高些;反之,向上摩擦球的力量要小些,弧线应低些。拍面角度和触球部位也要根据来球下旋的强弱来调节。

(4)拉球后立即放松还原,准备迎下一板来球。

(四)正手扣杀球(如图 3 - 37、图 3 - 38 所示)

图 3 - 37　直拍正手扣杀球

图 3 - 38　横拍正手扣杀球

正手扣杀球的特点和作用是:正手扣杀球是比赛中重要的得分手段,一般是在技术取得主动和优势的情况下运用。它具有力量重、速度快、攻击性强的特点。常用来还击各种机会球,或迫使对方出高球,自己取得主动。

正手扣杀球的动作要点:

(1)站位的远近要视来球的长短而定,击球前,身体右转,手臂随腰部的转动而向右后方引拍,球拍位置高于球网。

(2)击球时,上臂带动前臂,由后向前用力挥拍,在来球高点期前后击球中上部。

(3)击球时,充分利用腰、腿配合用力来增加扣杀的力量。

(4)扣杀后立即还原,准备连续扣杀。

(五)反手近台攻球(如图 3 - 39、图 3 - 40 所示)

图 3 - 39　直拍反手近台攻球

图 3-40　横拍反手近台攻球

反手近台攻球的特点和作用是：反手近台攻球是直、横拍两面攻打法常用的一项重要技术，特点是站位近、动作小、速度快、进攻性强。常用来为正手攻球创造机会，也可直接得分。

反手近台攻球的动作要点：

（1）站位中近台，两脚平行或右脚稍前站立。击球前，上体左转，引拍至腹前左侧，上臂贴近身体，前臂与台面平行。

（2）击球时，以前臂发力为主，食指压拍控制拍面角度，前臂旋外，在来球上升期击球中上部，前臂和手腕由左向右前方挥动。

（3）击球后，身体重心随挥拍的击球动作由左脚移至右脚。

（六）反手中远台攻球（如图 3-41、图 3-42 所示）

图 3-41　直拍反手中台攻球

图 3-42　横拍反手中台攻球

反手中远台攻球的特点和作用是：反手中远台攻球是对方向自己左角回击长球时使用的一项技术，是争取得分的重要手段，也是对方突然回击过高球，自己来不及侧身攻击时常采用的技术。它具有动作较大、力量较重的特点。

反手中远台攻球的动作要点：

（1）站位中远台，击球前准备姿势和引拍动作与反手近台攻球相似，但引拍动作幅度稍大。

（2）击球时，前臂在上臂的带动下快速向右前上方挥动，手指控制拍面角度，在高点期或下降前期击球中上部或中部。

（3）击球时，借助腰腿的力量来增加击球的力量。

（七）反手快拨（如图 3 - 43 所示）

图 3 - 43　反手快拨

反手快拨的特点和作用是：反手快拨是横拍进攻型打法常用的一项相持性技术，具有站位近、动作小、落点变化快的特点。它虽有一定的速度，但力量较差，应与其他攻球技术结合运用。

反手快拨的动作要点：

（1）击球前的准备姿势和引拍动作同反手近台攻球相似。前臂约与地面平行，肘部略前伸。

（2）击球时，前臂迅速伸入台内迎球，手腕控制拍面前倾，以肘关节为轴，带动手腕向右前上方挥动。

（3）在来球的上升期击球，球拍触球的中上部。

（八）反手台内攻球（快点）

反手台内攻球的特点和作用是：反手台内攻球速度快，动作小，具有突然性，是直、横拍两面攻打法的一项重要技术，多用于前三板，是还击近网短球的有效技术。

反手台内攻球的动作要点：

（1）站位近台，前臂以肘为轴由后向前挥动。

（2）回接左方近网短球，左脚向左前方迅速上步；中间偏左来球，则以右脚向前上步。

（3）以手腕弹击为主，配合前臂和手指动作，击球高点期。如来球上旋，拍面稍前倾，以向前发力为主，击球中上部；如来球下旋，拍面稍后仰，击球的中下部，触球瞬间球以摩撞为主，向上向前擦击球。

（九）反手快拉球（拉抽球）

反手快拉球的特点和作用是：反手快拉是对付下旋来球的一项重要技术，以反手快拉找机会突击，既可加强攻势，又可避免正手空位过大。它具有站位近、动作小、速度较快、落点变化多的特点，常能为突击寻找机会，它是抢先上手的重要技术。

反手快拉球的动作要点：

（1）站位较近台，左脚稍后，击球前的准备姿势和引拍动作与反手近台攻球相似，但引拍稍低。

（2）根据来球旋转程度，决定前臂和手腕控制球拍触球的部位，以及摩擦球时的用力方向、大小和弧线的高低。

（3）击球时，以前臂为主，在来球的下降期或高点期击球，前臂向外转动时带动手腕外展制造弧线。

（4）击球后，球拍随势挥至胸前高度，身体重心移至右脚快速还原。

二、教法提示

乒乓球的攻球教学的一般流程是，先学习正手近台攻球，再学习简单综合技术，然后再逐步掌握扣杀球、拉抽球、台内攻球、攻弧圈球、杀高球等技术。

（一）建立正确动作概念

利用教师示范、讲解，建立正确的动作概念。示范动作要有重点和难点。要求学生重点关注讲解引拍方法、引拍时机，手指操控拍形，击球用力之法及还原之法。难点是看球反弹引拍、看球部位挥拍击球，即在视觉引领下击球，防止凭感觉打球的现象发生。

（二）徒手练习

（1）根据攻球动作的技术环节的要求，徒手模仿练习，注意配合腰部的转动和重心的交换等动作。

（2）结合各种步法在左、右、前、后移动中的攻球模仿练习。

（3）结合步法练习左推右攻、推挡侧身攻、侧身后扑正手等模仿练习。

（三）攻挡球和推挡球

（1）自抛自打，也可以让同伴发球，自己练习攻球，打一板球后重新发球。

（2）一人推挡一人练习攻球，规定区域，要求攻到规定的区域里。

（3）一人挡一人练习攻球，先轻攻，再用中等力量快攻，随着技术的提高再练扣杀。

（4）一人推挡一人练习攻球，可攻几条线，如攻斜线、攻中路、攻直线。

（5）在走动中练习攻球。先练习二分之一台攻球，再加大范围练习三分之二台攻球。

（6）走动中练习攻球，练习时可先有规律，角度变化小一点，然后逐渐加大难度。

（四）对攻练习

进一步提高攻球技术，体会攻球和攻推挡球的区别。

1. 从单线到几条线路的结合练习

重点提高击球的控制能力，难点是提高无氧代谢能力和延长注意力的时间。

（1）两人对攻斜线（正手）。

（2）两人对攻中路直线。

（3）两人对攻侧身位斜线。

（4）以定回合数目标为主的练习为宜。

2. 在提高控制落点的基础上逐渐过渡到几条线路的结合练习

（1）两人在移动中攻球，从右至左，从左至右。

（2）一点对两点，一点对三点，主练者将球攻至陪练者左右两点，陪练者攻一点；主练者将球攻至陪练者左、中、右三点，陪练者攻一点。主练者提高攻球技能和控制落点变化的能力，陪练者提高主动防守的意识和严密防守的能力。

（3）两直对两斜的对攻。一人在左右移动中专攻直线，另一人在左右移动中专攻斜线（初练时可采用左推右攻的形式）。

（4）从有规律到无规律。开始练习时陪练者有规律地将球攻到主练者几个点，然后逐步过渡到无规律地将球攻到主练者几个点。

（5）无规律的实质是有规律的多种组合，只要在有规律的练习中，每板击球都在判断和盯球的引导下，把无规律的事物悟成有规律的事物。探索规律，就是从了解事物的基本组织结构开始，从偶然走向必然，直至迈入自然的境界。

（五）结合技术的练习

（1）两点打一点的左推右攻练习。主练者用反手推挡，正手攻球交替打到陪练者一点，陪练者用攻球或推挡打至对方两点。

（2）两点打一点的正、反手两面攻的练习。

（3）两人对推反手斜线，一人在推中侧身抢攻，两人交替进行。

（4）两人对推侧身抢攻。两人互相逼住对方反手，互相寻找机会侧身攻球。

（5）推挡变线正手打回头，从有规律的变线到无规律的变线。

（6）推挡侧身攻扑正手，或反手攻接侧身攻后再扑正手空当。

（7）推中结合反手攻。

（8）推中反手攻结合侧身攻。

（六）加大击球难度的练习

（1）根据以上练习方法，还击力量大的来球。

（2）根据以上练习方法，加大力量还击。

（七）改变攻球节奏的练习

（1）近台同中远台结合练习。

（2）借力和发力攻结合的练习。

（3）攻球和拉球结合的练习。

（4）摩撞与撞摩攻球结合的练习。

（八）攻削球练习

（1）定点练习拉抽技术。

（2）走动中拉不同落点的削球。

（3）拉中突击。

（九）攻搓球的练习

（1）两人对搓斜线，一人搓中抢攻。

（2）两人对搓斜线，二人互相搓中抢攻。

（3）一方一点搓两点，另一方左搓右攻。

（4）不定点无规律的搓中抢攻。

综上所述的练习方法均可用比赛的方式进行，以提高运动者的实战能力。

第七节　弧　圈　球

日本乒乓球队在六、七十年代为了对付欧洲的削球打法，发明了长抽技能，创立了撞击与摩擦刹那间相融合的击球形式，该形式撞击力大于摩擦力，成为进攻形打法的主要形态，即现代弧圈球的雏形，由此逐渐形成弧圈球打法。它是一种强烈的上旋球，即摩擦力大于撞击力而形成。其特点是既有强大的攻击力又有很强的稳定性。由于它的旋转非常强，因此它虽然是上旋球，却从传统上旋球中分离出来成为单独的一类。按击球的方位来划分，弧圈球可分为两种：正手弧圈球、反手弧圈球。在正手弧圈球中又分为加转弧圈、前冲弧圈、侧旋弧圈、直板正胶弧圈（俗称小上旋）和不转弧圈（俗称假弧圈）。

一、特点简介

弧圈球具有强烈的上旋，是一种攻击力强、威力大的进攻技术。其特点是：第一，击球第一，飞行弧线运行较慢；第二，飞行弧线下坠快，球反弹冲力大，以弧圈球为核心技术形成了直拍、横拍多种弧圈球打法。当今欧亚弧圈高手比比皆是，德国的波尔、希腊的格林卡、白俄罗斯的萨姆索诺夫，以及我国的王励勤、马琳、王皓、马龙等，还有韩国的柳承敏、吴尚垠等都以拉弧圈球见长，他们都是世界乒坛超一流选手。

弧圈球的种类按击球方法分为：正手弧圈球、反手弧圈球、侧身弧圈球；按旋转特点分为：加转弧圈球、前冲弧圈球、侧旋弧圈球和不转弧圈球（假弧圈）。

二、分类及特点

（一）正手拉加转弧圈球

1. 特点

正手拉加转弧圈球又称"高吊弧圈球"。上旋强烈，第一弧线较高，运行速度较慢，第二弧线反弹下坠，向下滑落快，不易识别着台点及飞行轨迹，给对方掌握回球的节奏、时间、拍形增加困难，使其感到对不上点，使不上劲，能直接得分或为拉前冲弧圈制造机会，通常在接发球、对削、搓、挡、攻以及接出台的下旋球时运用。双方对拉弧圈球时很精彩，如图 3-44 所示。

图 3-44　日本松平贤二拉正手位高吊弧圈球

2. 动作要领

两脚分开，两膝微屈，重心置前脚内侧，左脚在前，略提脚后跟，来球反弹身体略右转引拍，手腕外展，拍形成横立状。当来球跳至高点期或下降前期时，右脚掌内侧用力蹬地，稍伸膝，腰髋转动带动上臂、前臂向前上方挥动，前臂要迅速旋内收缩，手腕内收加强摩擦力，触球中上部或中部，身体重心由右脚转向左脚，整个动作类似于掷铁饼出手瞬间。

3. 提示

（1）初学者常易拉漏球，或球擦拍边，找不准击球点，要多做徒手练习，牢记动作要领，逐步体会腿、腰髋、手的配合和肌肉感觉，产生本体感觉。

（2）拉弧圈球是撞摩击球融合体，或摩撞融合体，以摩为主。因此，手臂不能伸得太直，引拍不要过低，拍形前倾不能过大，向前上方发力拉高吊弧圈球的重点是蹬地与手操控球拍的协调配合。难点是来球反弹下降瞬间，摩撞击球。它可防止拉漏球、击球时间不精确、击球效果差的现象发生。

（3）引拍手腕要外展，击球时由外展向内收。触球一刹那，形成摩撞融合体，这样爆发力大，还能起微调的作用。加强了手腕对拍形、弧线的控制，增强摩擦力。

（二）正手拉前冲弧圈球（如图 3-45 所示）

图 3-45　正手拉前冲弧圈球

1. 特点

上旋强烈，第一飞行弧线低且长，球前进速度快，第二弧线下坠比加转弧圈球更低，而前冲向下滑落更快，杀伤力大，是得分的杀手锏。常用于对付削、搓、中等力量攻球。在接发球及击打半高球时运用在弧圈相持中成为对拉、对冲的手段。

2．动作要领

基本姿势同拉加转弧圈球，但身体重心稍提高。引拍时转体带臂向腰后侧展开，球拍与球同高或稍许低于来球，拍形前倾在高点期或上升后期，摩擦球的中上部，由右向左转腰带动上臂、前臂、手腕，由后向左前方发力，重心前移至左脚，击球后快速还原。

3．提示

（1）正手反拉前冲弧圈球时，引拍后摆幅度要小，拍形稍前倾，于上升后期高点击球，运用腰、髋、前臂发力为主。但初学者学习前冲弧圈技能比较困难，先练好拉弧圈球的基本方法，根据来球性能变化，调整动作、幅度、拍形、击球时间和触球部位。

（2）重视腰髋、重心的交换，要求步法移动时机准确和步移到位。

（三）反手拉加转弧圈球（如图 3-46、图 3-47 所示）

图 3-46　横拍反手拉加转弧圈球　　　图 3-47　直拍反手拉加转弧圈球

1．特点

横拍反手拉弧圈球和直拍反手拉弧圈是横拍和直拍横打选手的独特技术之一。同正手拉加转弧圈球比较，弧线、反弹特点基本相同，但速度稍慢、力量小、旋转稍小强。主要用于抢先上手。如抢拉下旋发球、发球抢拉、搓中转拉以及对付一般的攻球，调整变换击球节奏起到以转制快的作用。

2．动作要领

站于球台偏左部位，距台约 60 厘米左右，两脚基本平站，身体重心落双脚，双膝微屈，腹内收，腰、上身略向左转，前臂置腹前自然弯曲。引拍至腹部左侧下方，肘关节略向前伸，屈手腕，拍下垂，拍形稍前倾，身体重心集中于左脚，在球下降前期触球中上部，其重点体会脚用力蹬地，伸膝，转体，腰髋带动、前臂向前上方发力，重点是拍摩撞击球的瞬间，难点是掌控来球反弹速度与挥拍速度相吻合以确保反手拉弧圈球的稳定性。重心略上提前移并转至右脚，击球后还原。

3．提示

（1）引拍时，球拍向后摆得不要太多，肘部对准来球，有利于前臂发力。

（2）腰、髋带动伸膝、转体，蹬地力量与重心转换配合协调，能使球拉得转一点、稳一些。

（3）直拍反拉应注意三指上移至近拍柄以腾出较多拍面，手腕内屈后向前上方迅速转动摩擦。

(四) 反手拉前冲弧圈球(如图 3-48 所示)

图 3-48　反手拉前冲弧圈球

1. 特点

同正手拉前冲弧圈球。

2. 动作要领

两脚分开，右脚略前，重心置于左脚，上体略左转，手臂自然弯曲，肘关节略前伸，手腕内收，引拍时前臂外旋摆向左后方，拍形前倾，球弹起于高点期或上升后期，触球中上部，腰髋由左向右前上方转动，上臂带动前臂，以前臂为主加速向前略向上摩擦，鞭打式击球。拍撞摩球后，重心由左脚转至右脚。

3. 提示

参照正手拉前冲弧圈球。

(五) 正手侧身拉弧圈球(如图 3-49 所示)

图 3-49　正手侧身拉弧圈球

1. 特点

当球处于反手位、步法跟得上时，适宜运用侧身正手拉弧圈球，以争取主动和得分。直横拍弧圈选手侧身抢拉意识很强，都能较好地掌握与运用这一技术。

2. 动作要领

同正手拉弧圈球的要领。要注意正确选择侧身时机，步法移动正确而迅速，侧身到位，并调节引拍方向、出手角度和挥拍方向，避免盲目侧身。在侧身不到位时，第一，缩小引拍幅度，转腰回击来球；第二，斜跨左脚，以分力的方式击打来球。

三、应对弧圈球方法

应对弧圈球的技术手段有多种，有主动和被动回击之分。能控制、减少直接失误或从被动转主动，使对方由不能拉、少拉到难以连续拉，以摆脱应对弧圈球的困境。回击方法有挡、快带、推挤、吸、反手快撕、反拉、攻打以及对拉弧圈球等。

四、动作要领

（一）正手加转弧圈球

（以右手为例）左脚在前，右脚稍后，两膝微屈，重心约在右脚上。手臂自然下垂伸直，拍形略前倾，当来球从台面弹起时，右脚蹬地，腰部向左上方转动，带动手臂向左前上方加速挥动，击球瞬间，整个身体的重量传递到手指，加速度达到最高值。在来球的下降初期摩擦球的中部或中上部，击球后重心移至左脚。

（二）正手前冲弧圈球（如图 3 - 50 所示）

图 3 - 50　正手前冲弧圈球

站位基本上与加转弧圈球相同。手臂的引拍要比加转弧圈球高一些，球拍与地面大约形成 80°夹角。当球从台面弹起时，腿、腰、上臂、前臂依次进行动量传递，击球瞬间手腕内收，加速度达到最高值，在上升后期或高点期摩擦球的中上部。击球后重心移至左脚。

（三）直板正胶正手弧圈球（如图 3-51 所示）

图 3-51　直板正胶正手弧圈球

直板正胶正手弧圈球俗称小上旋，与反胶弧圈动作要领基本上相似，但因正胶粒凸起，胶皮的摩擦系数小于反胶，触球面积小于反胶，如果摩擦过薄，就容易"打滑"，所以在击球时要加强手腕转动，扩大球拍接触球的面积，这是正胶弧圈与反胶弧圈的最大区别。此外，正胶弧圈动作幅度较小，以前臂发力为主，球的弧线较低。

（四）正手侧旋弧圈球（如图 3-52 所示）

图 3-52　正手侧旋弧圈球

击球准备姿势和整个身体的用力方法与加转弧圈球相似，但在击球时，摩擦球的偏右面，拍形稍前倾，手臂自右外侧向左前上方（近似于弧形）发力。在拉侧旋球时，如果击球的右中部或右中上部，拉出的球是侧上旋；如果击球的中下部，主要以向内、向前发力为主，往往会拉出下沉的侧弧圈球。在实践中，一些优秀运动员常运用这种打法。

（五）不转弧圈球（亦称假弧圈）

初学者可在掌握了加转弧圈球的动作要领的基础上，把拍形稍后仰，触球的中下部，手臂紧张些，向前上方托拉球就可拉出不转弧圈球。

（六）横拍反手弧圈球

两脚平行或左脚稍后站立，两膝微屈。击球前，将球拍引至腹部下方。当球从台面弹起时，以肘关节为轴，前臂迅速向上挥动，结合手腕向上转动的力量，在下降期摩擦球的中部或中上部。击球过程中，两腿向上蹬伸。

（七）直拍反手反面拉弧圈球

由于直拍反手位拉弧圈球在用力上受到身体的阻碍，手臂力量的发挥受到限制，所以难以拉出像横拍一样高质量的弧圈球。随着乒乓球运动的发展，中国直拍运动员创新意识的加强，为了弥补直拍反手位技术的不足，已有许多运动员借鉴横拍反手拉弧圈球的特点，开始运用直拍反手的反面拉弧圈球这一新技术。此项技术对于初学者掌握起来可能难度较大，此处仅作为一种中国乒坛的技术创新信息介绍给初学者，并希望有越来越多的初学者对这一新技术进行尝试，使之得以普及。其动作要领是：两脚平行或左脚稍后站立，两膝微屈，重心较低。击球前，球拍引至腹部下方，肘部略向前凸，手腕下垂内收，拍形前倾。当球从台面弹起时，以肘关节为轴，前臂迅速向前上挥动，击球瞬间手腕向右前上方转动，在下降初期或下降后期用球拍的反面摩擦球的中部或中上部。击球后，重心放在两脚中间。

综上所述，这些方法存在的共性问题是：（1）大脑指挥短路；（2）心理失控；（3）动作操作失误。

击球用力应控制在50%～70%之间，以提升大脑指挥能力，提高机体控制力，防止冲动、失去耐心的现象发生。

五、易犯错误

（1）在引拍过程中，前臂和上臂在肘关节处的夹角没有打开，而是靠拉肘向后引拍，影响拉球的发力。在训练中有意识地把前臂放下来，配合脚步的移动和重心移位，引拍效果会好些。

（2）击球前，提前引拍腰部向后转动过大，形成掷铁饼式的发力前的姿势，影响向前发力。在实践中，只要感到引拍时身体的重心移至击球一侧脚与来球反弹速度相吻合即可。

（3）击球时，球拍过于前倾，摩擦球过薄，使拉球的撞击力量减小，准确性降低，容易打在拍边，出现人们常说的"飞碟"现象。击球时球拍不要过于前倾，同时注意手腕向内向前的转动，这样方可拉出高质量的弧圈球。

（4）拉球过程中，手臂由后直接向前挥动，近似于成直线型，难以制造拉球的弧线。正确的挥动方法是手臂由右后下方，以肘关节为轴，向左前上方挥动，其挥动轨迹近似于"小弧形"，它体现了弧圈球这一技术术语的内涵。

（5）肩部过于紧张，动作僵硬。由于弧圈球的动作比一般攻球动作稍大些，因此要做到拉后手臂要放松，尤其是肩部要迅速放松，以利于连续拉和提高拉后扣杀的命中率。

（6）拉弧圈球时，击球用力主次不明，动作幅度远近不分，不在视觉引领下击球，失去大脑的指挥，发生冲动行为。

六、练习方法

（1）徒手模仿拉弧圈球的动作。

（2）一人发中路出台的下旋球，另一人练习拉弧圈球。

（3）一人推挡，另一人练习连续拉弧圈球。

（4）一人正手攻球，另一人连续拉。

（5）二人对搓，固定一人，另一个人在搓球中转拉。

（6）一人削球，另一人连续拉。

（7）多球连续拉弧圈球是初学者掌握弧圈球技术的最好途径。从定点定线定旋转，坚持由简入繁、从有序到无序的训练原则，方可收到良好效果。

（8）二点对一点的推拉练习。

（9）不同落点对一点的推、拉、攻练习。

（10）对拉练习。

（11）发球抢拉练习。

（12）接发球抢拉练习。

（13）拉、扣结合。

第八节　搓　　球

搓球是近台还击下旋球的一种基本技术，比赛中经常用它为主动进攻创造条件。搓球用于接发球或作为严密控制对方进攻的过渡球。它与攻球结合可形成搓攻技战术。搓球根据击球方位的不同，可分为反手搓球和正手搓球；根据击球时间的不同，可分为慢搓和快搓；根据旋转强度的不同，可分为加转搓球和不转搓球。

一、各种搓球技术

（一）慢搓（如图 3 - 53、图 3 - 54 所示）

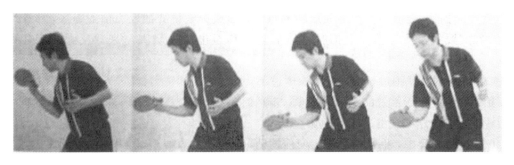

图 3 - 53　正手慢搓

图 3－54　反手慢搓

　　慢搓的特点和作用是：回球速度慢，击球时间晚，同快搓结合运用可改变击球节奏，利用旋转的变化为进攻创造机会，利用落点的变化为主动防守提供便利。

　　慢搓的动作要点：

　　（1）两脚开立，左脚稍后，站位近台。

　　（2）击球时，屈臂带动手腕，以肘为轴向前下方摆动。

　　（3）拍面稍后仰，在下降前期击球中下部。

　　（4）根据来球情况调节拍面角度和用力方向。来球旋转强，触球底部，向前用力大；来球旋转弱，触球中下部，向下用力大。

　　（二）快搓（如图 3－55、图 3－56 所示）

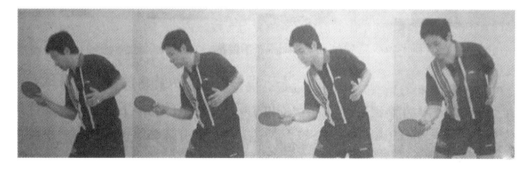

图 3－55　正手快搓

图 3－56　反手快搓

　　快搓的特点和作用：回球速度快，击球时间较早，可变化击球节奏，用于对付对方发过来或削过来的近网下旋球，利用旋转和速度的变化为进攻创造机会。

快搓的动作要点：

（1）准备姿势同慢搓。击球前拍面稍后仰，手臂迅速向前迎球，在上升前期击球。

（2）根据来球的旋转程度调节拍面角度和用力方向。

（三）加转搓球与不转搓球

加转搓球与不转搓球的特点与作用是：击球动作相似，旋转变化大，可以迷惑对方，造成初学者的误判。快、慢搓球均可搓出转与不转球，有效地为进攻创造机会。

加转搓球与不转搓球的区别：

（1）搓加转球，用球拍的下部触球，前臂和手腕向前下用力擦击球。

（2）搓不转球，用球拍的下部和中部托、碰球。触球时，前臂和手腕向前摆碰球。

二、教法提示

搓球技术是一项控制能力要求较高的过渡性技术。虽然攻击性差，但是搓球技术好，是控制和限制对方进攻的手段，减轻了防守的压力。在教学中，学生掌握了慢搓、快搓、正手搓、反手搓、搓转与不转的技术之后，应让学生树立伺机积极进攻的意识。特别是在校内大学生比赛中，搓球技术是一项主要得分手段。

（1）教师示范、讲解和建立正确搓球的概念。

（2）徒手模仿搓球练习，注意挥拍的路线，以及前臂手腕发力的方法。

（3）在球台上自抛自搓，弹起高度适当。

（4）搓接固定区域、固定旋转的发球。

（5）反手斜线对搓，反复体会前臂、手腕发力摩擦球体。

（6）从单线路到多条线路的练习。开始固定线路，逐渐到不固定线路的练习，正手搓和反手搓结合练习。

（7）慢搓对快慢搓结合练习，二人交换。

（8）快搓对转与不转搓球练习，二人交换。

（9）各种搓球结合的练习。

（10）搓球和攻球结合的练习，三分球转换。

（11）搓球和弧圈球结合的练习，一分球交换。

第九节　削　　球

削球是削攻型打法的一项主要技术，它通过削出加转与不转球，结合左、右、长、短的落点变化来控制对方，造成对方被动和失分，为进攻创造机会。

一、各种削球技术

根据来球情况的不同，可分为削加转弧圈球、削轻拉球、削突击球、削追身球和上步接近网短球；根据来球方位的不同可分为正手削球、反手削球；根据击球位置的不同可分为近削和远削。

削球技术动作：两脚开立，根据正（反）手削球，右（左）脚在后。准备击球时，两膝弯曲，上体右（左）转，屈臂向右（左）上方引拍至右（左）肩侧，拍面竖直或稍后仰，重心落在右(左)脚上。击球时，执拍由右(左)上方向左(右)前下方挥动，配合上体左(右)转，根据击球时间，前臂加速挥摆，手腕形成鞭打发力。擦击球的中下部削出强下旋球，反之则削出不转球。击球后，球拍随势前送，重心移至左(右)脚。

(一)削轻拉球(如图 3-57、图 3-58 所示)

图 3-57　正手削轻拉球　　　　　　　　　图 3-58　反手削轻拉球

削轻拉球的特点和作用是：削轻拉球指用削球来对付对方拉过来的力量较轻或上旋较弱的球。削轻拉球一般是在来球的下降前期击球，由于此刻来球的旋转或前冲都比较弱，此时趁机加快回球的速度，有利于配合落点变化来调动对方，赢得主动。

削轻拉球的动作要点：

(1)削轻拉球时由于对方拉过来的球力量轻、冲力小，削球者注意向前移动步法。争取在来球的高点期或下降前期去击球，从而加快削球的速度。

(2)削轻拉球的击球点一般比较高，能借来球的反弹力回击，所以要注意向上引拍，触球中下部，向前下方发力。

(3)如在来球的下降后期击球或击球点比较低时，拍面的后仰角度则应大些，击球部位也应靠下一些，并适当加大向前送球的力量，以免削球下网。

(二)削突击球(如图 3-59 所示)

图 3-59　正手削突击球

削突击球的特点与作用是：削突击球指削对方突然发力攻过来的球，一般进攻型选手常采用连续轻拉出机会球或放短球后使用该技法。突然进攻对削球选手的威胁很大。由于回接对方来球难度大，但回球速度更快。如能控制好回球的弧线和配合落点变化，不仅可以有效地缓解对方连续进攻的压力，而且有时还能变被动为主动。

削突击球的动作要点：

（1）判断来球路线和落点，跟随第二弧线速度迅速移动脚步，一般用单步或跳步进行位移。

（2）准备击球时，迅速向上引拍，拍面稍垂直，对准来球方向。

（3）触球的瞬间手腕相对固定，由上往下用力压球，在下降期击球中下部或中部。

（4）如来球速度快，站位离台较近，则手臂向下用力就要大些；如来球速度虽快，但站位离台较远时，则手臂向下用力就要小些；如来球速度快，站位离台较远并且击球点又比较低时，则手臂向下用力的同时还要适当附加向前的力量。

二、教法提示

削球技术一般应在学生掌握了攻球技术和搓球技术，或学生对削攻打法感兴趣后即可进行削球的教学。

（一）教师讲解、示范
使学生建立一个完整的、正确的技术动作概念。

（二）模仿练习
（1）原地做削球的挥拍练习。

（2）结合各种步法移动，进行正手削球、反手削球的挥拍练习。

（三）台上练习
（1）用正手或反手削球接对方发的平击球。

（2）教师用攻球动作将多球供至对方某一区域，学生用正手或反手削至某一点。

（3）用正手或反手削直线或斜线球。

（4）用正手或反手连续削回对方拉抽过来的球。

（5）一点削多点，多点削一点。

（6）削长短结合、轻重结合的来球。

（7）从削有规律的来球到削无规律的来球，逐渐加大削球的难度。

（8）一个稳拉对方正手或反手，另一人用相似手法削转与不转球，或不同性质的旋转球。

（9）一人拉中突击结合放短球，另一人在削球中上步接短球。

（10）逼角削球，伺机反攻。

（11）削转与不转球结合反攻。

（12）削球或推挡同弧圈球的结合练习。

第二部分　训练篇

第四章　乒乓球训练

第一节　训 练 原 则

高校乒乓球训练包括思想教育、技术训练、战术训练、身体训练和参加比赛等多方面的工作，从总的任务来说，各项工作都是围绕着培养具有乒乓球运动技术专长的、全面发展的合格建设人才进行的。上述各项工作，各有不同的特点但又互相联系、互相渗透、互为作用。因此，教练员在训练过程中，必须采取多种多样的训练方法和手段，才能使学生在不断提高思想觉悟的基础上，增强身体素质和迅速提高技术水平。乒乓球训练的原则是乒乓球训练客观规律的反映和内在本质的体现，是在训练工作中长期积累、提炼出来的经验概括，它决定着乒乓球训练的基本方法和效果，对乒乓球训练工作具有普遍的指导意义。教练员只要根据客观实际，遵循各种原则去制定训练计划、安排内容和选择方法，就能使运动员有效地提高思想，增强体质，掌握各种技能和技术。

一、提高自觉性和积极性的原则

乒乓球训练是实现高校体育目的的重要组织形式之一，是对具有乒乓球技术专长的大学生进行系统训练的一种专门教育过程，是发展我国乒乓球运动的一项重要工作。如果能使运动员深刻认识到乒乓球训练的目的和意义，能够把自己的训练同学习文化知识和个人发展目标联系在一起，那么他们在学习和训练过程中，就会自觉地勤学苦练，积极地钻研技术，克服困难，努力提高运动成绩。

为此，教练员在训练中一定要注意抓好以下几项工作：

（1）要始终不渝地进行思想教育工作，树立终身体育的思想，端正训练态度，培养学生自觉参加训练。针对学生怕因为参加训练影响文化课学习的思想和只是单凭一时的兴趣或一些不正确的指导思想来参加训练的情况，可以通过向学生介绍乒乓球运动的历史发展、技术现状和锻炼意义，宣传国内外优秀运动员刻苦训练、顽强拼搏、为国争光的模范事迹和成长过程，特别是结合大学生中优秀运动员德、智、体全面发展的事例，启发教育学生，使其懂得健康的体魄是德育、智育、美育的载体，失去健康将失去一切的道理。还可以经常组织学生观看各类国内、国际乒乓球比赛及有关录像，组织讨论，从而培养和巩固学生对乒乓球运动的兴趣，引导学生正确认识和对待乒乓球训练，增强他们在训练中的自觉性和积极性。

（2）在训练过程中，应在努力发挥教练主导作用的同时，充分发挥学生的主体作用。可以请某项技术特长突出的学生担任小教练，师生之间、学生之间互帮互学；师生共同探讨、研究解决训练中存在的问题，总结训练和比赛情况；研究制定训练计划；使学生明确训练的目的任务和要求，掌握将要达到的指标，以及完成任务而必须采取的具体方法。只有会发挥学生的主动性和创造性，学生才能为完成训练任务而不懈地努力。

（3）在训练过程中，要有针对性地对比赛中出现的技术弱点和漏洞及时地进行分析、评价和总结。教练员除了及时总结训练情况、评价训练效果外，还应教会学生掌握一些技战术运用能力的评价标准，培养学生自我评价的意识和能力，组织学生进行自我分析评价，使学生能对自己的训练效果及时作出判断，有意识地改进和提高训练的实战效果，这样也可以增强学生参加训练的自觉性和积极性。

二、统一安排与区别对待相结合的原则

乒乓球教练员通常是根据比赛任务的性质和要求，首先制定出年度统一的训练计划，根据上、下学期，提出明确的任务和具体要求，确定将要达到的指标，然后再进一步规定完成计划的内容及方法，统一安排，按一定的方法、步骤进行训练，使全队经过一定时间的训练，达到一定的目标进度。然而在一个队中，队员的年龄性别、身体条件、技术水平、打法特点等总是不尽相同的，因此，教练员必须在统一安排的基础上，因人而异、区别对待，顾及每个队员的特点，解决每个人需要解决的问题。例如：在身体训练时，可以规定相同的训练项目，采用相同的手段和方法，组织全队集体训练，但在运动量的安排上（数量、强度、密度、质量、量化指标等方面）必须根据每个人的体质情况，提出不同的要求，这是在统一安排训练项目、手段、方法的情况下，在运动量上采取区别对待的方法。在技术训练时，教练员统一安排了训练项目，如练习发球，规定了训练时间，提出了提高发球质量或增加种类的要求，但队员该发哪一种球或不宜发哪一种球以及具体的练习方式，还要根据队员各自不同的特点和不同的水平而有所区别，制定出个人计划，这是在统一安排训练项目和时间的情况下，在训练内容和方法上采取区别对待的方法。由于乒乓球的技术训练必须有一定的对手共同练习才能完成个人的训练计划，因而可采取统一安排训练的手段和方法，使队员双方通过相互练习，达到共同提高的目的，但对每个队员来说，则应根据不同的打法，在训练内容上要有所区别。特别是针对队员的明显漏洞，应采取各个击破的方法加强技术特长与战术的衔接训练，重点解决进攻的连续性以及严密控制与主动防守的衔接意识问题。使学生懂得理论与实践必须紧密联系，二者不是替代关系，而是结合关系。以上是在统一安排训练手段和方法的情况下，训练内容采取区别对待的方法。总之，在训练过程中，教练员必须善于根据不同的训练期，以及每个人的训练水平、身体素质等情况，使统一安排与区别对待有机地结合起来，并灵活地加以针对性运用，使训练取得积极的效果。只有统一安排而没有区别对待，训练就不可能切合实际，容易产生一部分人进步较快，而另一部分人提高较慢的现象。如果片面强调区别对待而忽视统一安排，则又会造成运动员在训练中互不配合、各自为战的局面。

三、合理安排运动负荷的原则

合理安排运动量是训练工作中一个非常重要的问题，它对运动技术水平的提高和学生的身体健康有着密切的关系。运动技术的掌握与提高，以及身体素质的培养都需要进行长期的训练，同时还要逐渐增大运动量，才能有效地刺激与加强人体的机能，促进运动技术水平的提高。实践证明，适宜的大运动量训练，不但条件反射建立得快，而且比较容易巩固，但运动员负荷过大，将导致过度疲劳。合理安排运动负荷，要处理好如下几个方面的问题。

（1）运动量的安排首先应考虑到训练的对象是在校学习的大学生，他们肩负着繁重的学习任务，训练只能在课余进行，这种训练和专业训练有着本质的区别。在保证学生能精力充沛地进行文化课学习的前提下，要合理安排训练，尽可能地加大运动量和运动强度。每次训练时间不宜拖得太长，应尽量使学生在适度兴奋和精力旺盛的状态下进行训练。

（2）运动量的安排，应从队员的身体条件、技术水平、训练基础、个性特征以及不同的训练期等加以区别。训练的运动量应该是队员可以承担的，其标准是队员经过一夜的休息，其体力就可以完全恢复。

（3）为了提高身体素质和技术水平，需加大运动量，但大运动量的训练必须和中、小运动量间隔进行，才能收到较好的效果。对于训练水平较低的队员，进行大运动量训练，间隔时间要长些；对于训练水平较高的运动员，或因比赛的需要，其间隔时间可以短一些。一般来说，大运动量的训练不宜在非常接近比赛的时候运用，应在假期的集训中运用为宜。

（4）运动负荷的增加应遵循循序渐进的原则。加大运动负荷一般先加量，再加强度。加量时强度可略微减小，加强度时量也可适当降低或保持。一般不宜同时既加量又加强度。如果身体负担量过大，容易破坏训练的系统性。运动量的增加，可以采用下列几种方法：

① 加大训练强度。例如，在乒乓球技术训练中，要求在跑动中去击球，练习连续发力攻、连续拉的练习，扑接长短球等。

② 加大训练密度。在身体训练中，要求增加单位时间的练习次数或缩短间隔。在技术训练中，可以采用连续不断的击球（多球训练）以及增加比赛的局数等方法。

③ 增加练习的时间。例如，在身体训练中适当增加训练时间；在技术训练中，要求在提高准确性的基础上，增加训练的时间等。

（5）合理运用运动负荷，目的在于提高运动水平，即提高技术水平和机体能力。因此，在加大运动量的过程中，教练员必须严格要求队员在保证质量的基础上完成所定的内容，才能取得应有的效果。

（6）要做好经常性的医务监督工作，了解队员生理机能的变化情况，以便及时发现问题和解决问题。医务监督在训练中必不可少，但预防运动损伤现象的发生更为重要。例如，连续发力攻训练，首先，解决发力攻球时，自下而上动力与传力用力击球的协调不一致问题。其次，合理安排量化指标：提高训练的科学性和技术动作的协调性，可减少和防止运动损伤情况的发生。

四、全面技术训练与特长技术相结合的原则

乒乓球运动较为显著的特点是，击球速度很快，旋转变化多样，在规定的球台范围内落点还有左右、前后之分，运动员如果缺乏比较全面的技术和高超的技巧，要想在比赛中战胜对手取得成绩就很困难，因此，在训练中教练员必须有针对性地计划、有步骤地使队员掌握比较全面的技术；根据各自不同的打法，逐步形成一定的特长技术。只有这样，队员在比赛中才能灵活地运用各种技术，并以自己的特长去力争主动和胜利。全面技术训练就是使队员在技术上没有明显的漏洞，熟练掌握本类型打法的全面技术，能根据来球灵活地运用不同技术，有效地还击对方来球，能对付各种不同类型的打法；进攻型打法具备一定的相持和防御能力，削球打法具备一定的进攻能力，只有这样比赛时才能少给或不给对手以可乘之机，才有利于更加灵活、有效地发挥自己的技术和战术。但是，技术上的全面

发展并不是提倡平均对待技术或提高上的一般化，结果样样都会，样样都不精，而是要求在技术比较全面的基础上，精练几种特长技术和配套战术，作为得分制胜的重要手段。如果没有特长技术，就很难达到高水平而攀登乒乓球技术的高峰。特长技术的建立应根据个人的打法特点、技术风格和敢打敢拼的勇气、性格，以及身体素质特点和使用的球拍性能来确定。教练员在训练过程中，应把技术上的全面发展与建立特长技术密切结合起来，要善于处理好全面技术训练与特长技术训练的关系。在训练的初期阶段或运动员训练水平较低时，可侧重于全面技术训练，随着训练水平的不断提高，特别是到了训练后期，应逐步突出特长技术训练。在以全面技术训练为主的同时，教练应注意发现并帮助、引导运动员建立特长技术；在以特长技术训练为主的同时，应注意全面技术的巩固和提高。总之，不能等技术练全面了再练特长，也不能过早地去抓特长技术训练。

五、全面身体训练与专项身体训练相结合的原则

运动技术质量的提高是建立在身体全面发展水平及身体素质不断提高的基础上的。教练员在训练过程中除了要抓好技术训练外，还应认真抓好身体训练。身体训练包括全面身体训练和专项身体训练两个部分，只有全面身体训练而没有专项身体训练，不可能直接达到乒乓球技术的提高；但只有专项身体训练而没有全面身体训练，又会破坏身体的均衡发展，容易造成畸形或局部劳损，使技术的提高受到限制或阻碍。为此，全面身体素质的提高是技术质量突破瓶颈的基础，它是比赛战斗力强悍的重要标志。在全面发展身体素质的基础上，提高专项身体素质水平，才能有效地促进技术质量的提高，因此，全面身体训练和专项身体训练必须结合进行。

（1）身体训练必须常年进行，坚持经常锻炼，不仅能促进机能不断发展，还可以延长运动寿命。在全年的训练中，身体训练一般不少于训练时间的四分之一。

（2）应根据大学生的生理特点和不同的身体训练水平，制定出不同的训练比重。如果身体训练水平较低，则全面身体训练的比重应大些，如果身体素质水平较高，则应逐步加大专项身体训练的比重。

（3）在发展全面身体素质的基础上，应逐渐加大专项身体训练的比重。一般在训练后期，特别是竞赛期应多进行专项身体训练。

（4）根据大学生课余训练时间紧、任务重的特点，可将部分身体训练分散到训练课下完成，教师加强检查、指导，培养学生自觉、认真进行锻炼的习惯，这样会收到更好的效果。

（5）全面的身体素质的提高的表现为身体的强壮、四肢发达、体能充沛。要使队员体能充沛，教练员必须学习体能训练的知识，掌握体能训练的科学方法，提高体能训练的效果。

六、训练与比赛相结合的原则

教练员组织训练主要是为了提高队员技、战术的应用能力，但运动员的技术是否巩固，水平是否提高，又要通过比赛才能表现和反映出来。所以，当运动员经过一段时间的训练之后，就必须让他们参加对外比赛，通过比赛检查技术进度，发现存在问题，然后再进行针对性的训练，使队员得到新的提高，之后再参加大学生组的比赛，通过比赛再总结经验，继续训练，不断前进。队员对各种技术的掌握，身体素质的增强以及运动成绩的提

高，就是通过训练、比赛、再训练、再比赛逐步取得的。由此可见，训练和比赛是运动员不断掌握和提高技术以及创造运动成绩的两个基本手段。从全局上说，训练要服从于比赛任务，但从局部上来说，比赛又要服从于训练的需要，两者不仅关系密切，而且是相辅相成的，因此，教练员应把训练和比赛有机地结合起来，才能促进队员更快地提高技术水平。在训练初期或训练水平较低时，应以基本技术训练为主，宜多安排基本技术的比赛；到了训练后期（竞赛期或赛前训练），一般应以战术训练为主，多安排各种形式的比赛；对于训练水平较高的运动员应该为他们创造更多的比赛机会，加强实战锻炼，从而提高队员的战术运用和适应各种形式比赛的能力，增加临场比赛经验。在平时的训练中，更应该从实战出发，尽量接近比赛的实际，这样对提高运动员的心理素质、战术意识等都具有积极的作用。

第二节　基本功训练

基本功训练在整个训练体系中占有极为重要的地位。长期以来，我国的乒乓球训练一直比较注重抓基本功的训练，在这方面也取得了很多有益的经验，收到了很好的效果。培养出了一批基本功扎实、具有世界先进技术水平的优秀运动员，为我国攀登世界乒乓球技术高峰，并能在较长时期保持优势，奠定了良好的基础。各级教练员都必须切实抓好基本功训练。

一、乒乓球运动基本功的概念和内容

乒乓球运动员的基本功，是指乒乓球运动员为了达到某一水平所必须具备的相应的基本技能和基本体能。它不仅包含基本技术而且还包含技术的质量和运用能力，对身体机能水平也有较高的要求。

基本技能主要是指技术质量、变化能力和适应能力。而在技术质量中，又包括击球的准确性、速度、力量及旋转；在变化能力中，包括落点变化能力和旋转变化能力；在适应能力中，包括适应落点变化、旋转变化、节奏变化，以及对不同类型打法、不同球拍性能的适应能力。

基本体能是指专项身体素质，主要包括反应、判断能力、爆发力、摆速、步法、协调性以及专项耐力等。

教练员只有在正确理解基本功的宏观概念及其内容的基础上，采取相应的有针对性的训练措施，才能培养出基本功扎实的队员来。

二、基本功训练的安排方法

在安排基本功训练时，首先，必须要有全面的观点，绝不能片面地只重视基本技能的提高而忽视基本体能的发展，或只抓技术质量而忽视对变化能力和适应能力的训练，或只抓进攻能力的训练而放弃了主动防守能力的培养等。教练应该注重全面安排，相互促进，才有利于切实打好基础；其次，在全面安排的基础上，还应根据不同的训练时期和队员的不同训练水平有所侧重，在训练初期或队员训练水平较低时，首应注重体能训练，打好素质基础，为以后的技能提高创造有利的条件；再次，随着运动员训练水平的不断提高，在安排基本功训练时，则可逐步侧重于技能训练；在技能方面的技术质量、变化能力和适应能力的训练方面，应以提高技术质量为主，逐步侧重于变化和适应能力的训练。总之，教练员要根据世界乒乓球技术的发展和运动员的不同类型打法，不同风格、不同个性特征在不同时期有所侧重，做出不同的具体安排。

第三节　各种类型打法的训练

乒乓球的技术、战术训练的根本目的是提高运动员的技术质量、变化能力和适者生存的应变能力，培养良好的技术风格。由于乒乓球打法类型的多样，在训练中，各类型打法必须根据世界乒乓球技术发展的趋势，结合本类型打法的特点和大学生比赛技战术水平状况，坚持发扬和不断完善自己的技术风格，在训练内容上，要突出重点，解决主要技术细节、战术环节关键性的难点问题。要多进行系统、配套的综合性训练，使训练能在适应多种类型打法的条件下进行。

一、快攻型打法（包括直拍、横拍左推右攻和两面攻）的训练

（一）训练特点

（1）要坚持和发扬"快、准、狠、变、转"的风格，突出"快速多变"的特点，发挥速度优势。

在训练中全面理解"快"的含义，明确"快速"问题的先决条件，既要判断清晰，又要在看准来球第二弧线的情况下努力提早击球时间，否则欲速则不达。站位靠近球台，缩短挥臂击球时的动作半径，尽量在上升期击球，可以加快球速。但是，如果一味地追求上述方法来加快球速，势必会造成准确性差、力量小，控制球的能力也差，使相持过渡能力和由被动变主动能力转弱。因而，还应该通过主动发力，加大击球力量，提高球的上旋力和压低球的飞行弧线等方法来加快球速。在训练中，应使练习既有近台，又有中台，坚持近台为主，近中结合。要求队员在不同的位置上，既能用较小的动作幅度击球，也能用较大的动作幅度击球，既能打借力球，也能打发力球，达到既能快速，又能加力。此外，在以提高击球速度为主的训练中，还必须注意提高力量、旋转和节奏变化的能力。

（2）提高前三板球主动进攻能力的同时，提高在相持中抢先上手的能力。前三板球的技术，特别是发球和发球抢攻技术，是体现快速、凶狠的进攻性技术。在不断提高发球的速度、旋转和落点的变化能力以及抢攻质量的同时，重点解决发球与抢攻衔接问题，难点是解决算计、控制对方、操控比赛进程的意识问题。随着各类型的打法接发球技术水平的提高，常采用接发球抢攻或抢拉或以回弧线低、下旋强的短球，如果冒然抢攻，准确性会受到影响。针对此状况，重点解决发球不出台的问题。难点是提高主动上手的技术问题和反拉反冲，以及主动防守的意识问题。在狠抓前三板的同时，千万不能忽视三板后的基本功的训练，应使队员掌握一定的过渡性、技巧性或防御性的技术。因此前三板技术主要解决发球与抢攻的衔接问题和抢攻与相持技术、抢攻与连续攻之间的衔接问题。其内容有组合意识，技战组合与算计组合意识、发球与抢攻手段的组合，算计与预测组合，技能与步法的组合，击球动作的惯性力与下一板击球步法移动的组合等形成独立自主的技战套路。

（3）培养攻打弧圈球的意识，提高回击弧圈球的技术。在对付弧圈型打法时，从战术的指导思想上要立足于打弧圈球，同时还要力争抢先上手，争取主动，以控制落点，限制对方击球手段和降低来球质量等方法。尽量减少对方拉弧圈球的机会或削弱对方弧圈球的质量。教练员应有计划地安排使用弧圈型打法的人共同反复练习，加强对付弧圈型打法的针对性训练，培养攻打弧圈球的意识，掌握回击弧圈球的技术。在训练过程中应先练"打"弧圈球的技术，后练"带"弧圈球的技术，然后再练习"打"、"带"结合回击弧圈球的技术。开始学习打弧圈球时，应选择有利的固定击球时间（一般以上升后期击球为好），用快攻的动作击打弧圈球。在此基础上应加强捕捉攻打弧圈球战机的训练。一般在以下几种情况必须果断地起板攻打：一是对方拉出的弧圈球质量较低时；二是当对方在较大范围跑动或在较被动中拉弧圈时；三是对方拉出的弧圈球旋转虽强，但自己已有充分准备时。总之，随着弧圈球技术的发展，快攻型打法的训练必须采取有力措施，大力提高对付弧圈球的针对性训练手段。

（二）训练方法

1. 直拍左推右攻的训练

（1）提高对攻能力（速度、力量、准确），尤其是在移动中攻打弧圈球的能力练习。

① 正手单线对攻（包括正手、侧身斜线、直线）。定时间、定指标。

② 正手前后移动对攻（中、近台结合）。

③ 半台或全台移动中正手对攻。

④ 正手位、侧身位快攻不同落点。

⑤ 全台不同落点移动中正手攻打从对方左角或右角拉过来的弧圈球。

⑥ 正手连续扣杀球。

（2）提高加力推、减力挡、推挤弧圈球的多种技术的练习。

① 单线对推。

② 推斜、直线及中路。

③ 推挤左大角及变线（推出轻、重力量不同的球）。

④ 反手推挡中结合反手攻球。

（3）增强左半台主动进攻的能力，提高推挡与侧身攻两项技术的衔接能力的练习。

① 反手位 1/2 台，推挡结合侧身攻组合练习。

② 推挡变换轻、重力量及压反手大角，当取得侧身攻的机会时，侧身大力扣杀练习。

③ 左推结合右攻配合侧身攻练习。

（4）增强主动进攻能力，解决侧身攻接扑正手空挡的练习。

① 有规律的推挡，侧身攻，扑正手练习。

② 无规律的推挡，侧身攻，扑正手练习。

（5）为提高对付下旋球的能力，熟练与提高拉球技术，攻打下旋短球，搓中突击技术的练习。

① 摆短到我方不同落点，进行正手位快点练习。

② 侧身正手快点到对方不同落点。

③ 正手快拉或侧身快拉对方不同落点（对近网短球和不出台的下旋不太强的为主）。

④ 全台移动中用正手拉上旋球至一点或不同点。

⑤ 左 3/2 或右 3/2 台用正手拉至对方一点或不同点（对转与不转变化的削球和两面不

同性能球拍的削球）。

　　⑥ 拉中突出结合连续扣杀。

　　⑦ 搓中突击对方不同落点（1/2 台至全台走动中突击转与不转的搓球）。

　　2.直拍、横拍两面攻的训练

　　直拍两面攻和横拍两面攻，提高正手攻打上、下旋球能力的练习方法，可以参照直拍左推右攻打法的训练方法。其不同点在于应加强反手攻打上、下旋球技术和正、反手攻的衔接技术，以及对付中路来球的能力的训练。

　　（1）提高反手进攻能力的练习。

　　① 反手单线对攻（反手斜线、直线）。

　　② 反手半台移动中反手攻至对方一点或全台。

　　③ 反手前、后移动进攻（中、近台结合）。

　　（2）提高正、反手衔接，提高全台进攻能力的练习。

　　① 正手攻结合反手攻至对方一点的练习。

　　② 反手攻结合侧身正手攻对方一点的练习。

　　③ 反手攻、侧身攻、扑正手的练习。

　　④ 逢斜变直，逢直变斜。用正、反手交替攻球回击对方有规律地运用斜或直线到左、右两点的球。

　　（3）提高反手对付下旋球的能力。

　　① 摆短到我方不同落点的来球，进行反手位用反手快点击球的练习。

　　② 反手攻下旋球（对近台反手搓球和削至反手位的转与不转的球）。

　　③ 搓中用反手突击的练习。

　　（4）提高反手和中路对付弧圈球的能力。

　　① 反手攻弧圈球（对方挂不同旋转的弧圈球至球台一点或不定点）。

　　② 用反手攻或侧身攻，回击对方拉到反手位或中路的弧圈球（陪练者拉弧圈球专门至反手或中路）。

二、弧圈球型打法的训练

　　弧圈球型打法（包括直、横快弧和弧快打法），具有速度快、旋转强、线路活、攻势猛、威胁大的特点。当前正朝着旋转结合速度（或速度结合旋转）、近台结合中台、攻防转换能力较强的方向发展。

（一）训练特点

　　1.快攻结合弧圈打法的训练

　　要坚持发扬"快、转、准、变"的技术风格，突出一个"快"字，以快为主，快中有转、突出击球瞬间撞摩结合的质量，不断加大抢冲、扣杀、突击技术的运用比例，恰当地辅以旋转。应全面理解这种打法对速度的要求，做到不仅能打近台，也能打中台，加大照顾范围，提高发力击球的能力、相持能力和由被动变主动的能力。在训练中，应以快为主，快中能慢，快慢结合，快中能转，快转结合。击球位置应以近台为主，中台为辅，做到近中结合。在训练步骤和训练重点上，应先练以速度为主的技术，在打好一定速度的基础上，再进行体现以旋转为主的技术训练。对体现以速度为主的技术，应注意反复精练。在动作结构上，应尽量体现速度和旋转的击球动作接近一些，以便于两种技术的结合。另外，要在继续提高前三板球主动进攻能力的基础上，加强提高对付回击弧圈球的能力。

　　2. 弧圈球结合快攻打法的训练

　　在训练步骤上，先打下一定的快攻技术基础后，再练习掌握拉弧圈球的技术，要加强拉弧圈球技术的训练。在训练中，应从要求动作的合理、协调着手，在此基础上，逐步要求加强拉球的旋转强度。在保证动作正确、协调的前提下，加大击球动作幅度和加快摆速增大击球力量，增加球的旋转。直拍弧圈球结合快攻打法除继续保持和发扬前三板主动进攻的优点外，还应重点加强相持技术和由被动变主动的技术练习，提高正手快带弧球和反手拉弧圈球技术。提高反手推挡控制大角度和变线能力（为正手抢拉或抢冲创造条件），提高反手攻球能力。横拍两面拉打法在保持正手拉冲优势的基础上，重点要提高反手拉冲技术。

（二）训练方法

　　1.快攻结合弧圈打法的训练方法

　　（1）提高快攻技术，加快步法及两边摆速的练习。

　　① 单线攻球（包括正手斜线，侧身斜线）。

　　② 左 2/3 台和右 2/3 台跑动中连续进攻对方一点。

　　③ 两点打一点。

　　④ 两点对两点。

　　（2）提高移动中攻、拉、扣相结合的技能组合练习。

　　① 正手（包括侧身正手）攻拉一点。

　　② 正手全台不同落点拉、扣（冲）对方一点。

　　③ 反手攻、拉对方两点。

　　（3）提高相持能力和必备的防御能力。加强被动转化为主动的衔接技术练习。

　　① 正手（包括配合侧身）快带弧圈结合正手反拉弧圈球的练习。

　　② 反、正推挤或快拨结合正手反拉弧圈球的练习。

　　③ 推挡结合侧身拉、冲、扣练习。

　　④ 侧身拉结合扑正手练习。

　　⑤ 拉球结合扣杀练习。

　　2.弧圈结合快攻打法的训练方法

　　（1）提高正、反手拉弧圈球的技术质量和相持时灵活变化球路、移动步法的练习。

　　① 正手单线拉加转、前冲弧圈球至对方一点（包括正手、侧身斜线）。

　　② 正手一点拉对方两点和正手（侧身）2/3 台拉对方两点。

　　③ 正手全台拉对方一点。

　　④ 全台正手拉、冲、扣对方一点。

　　⑤ 反手拉、冲对方斜、直线。

　　⑥ 推挡斜、直线结合训练。

　　（2）着重提高正、反手拉弧圈（包括直弧推挡）的技术质量，对付各种不同速度、旋转的结合技术练习。

① 推挡结合侧身拉、冲、打。

② 侧身拉结合扑正手。

③ 反手拉结合正手拉。

④ 反手拉结合侧身拉。

⑤ 推挡结合侧身拉。

三、削攻型打法的训练

（一）训练特点

削攻打法必须坚持"转、稳、低、攻"或"转、攻、稳、低"的技术风格，注意改进训练方法，加大对弧圈球型打法的针对性训练的比例；从技术、战术上解决如何削强转弧圈球，提高反攻意识和能力，技术上必须要有新的发展，才能跟上乒乓球技术发展的新形势。

（1）削攻型打法技术的新发展，应首先体现在旋转变化好、两面能进攻上。近年来，由于弧圈球打法的不断完善和技术质量的不断提高，给削攻型打法带来了较大的威胁。削攻型打法要想控制住弧圈球的攻势，应在训练中加强削球的训练，使运动员操控相似的动作削出不同旋转球，以削转与不转为主，在削球时，应注意充分发挥腰腹、下肢以及整个手臂的力量，加大削球时切削的力量，以抵消弧圈球的旋转力。

（2）应大力提高正、反手的进攻意识和能力，削攻型打法如果缺乏较强的反攻能力，则难以发挥削球不转球的有效作用，因此，削攻型打法的训练应在以削转与不转球的同时，加大反攻技术的训练。

（3）训练中，要认真解决好攻削脱节的问题。应采用攻削同时训练的方法，根据队员的不同情况，调整好攻和削的训练比重，抓好攻、守全面的基本技术训练，使攻和削较好地结合。

（二）训练方法

削中反攻和攻、守结合打法的训练。

（1）提高和改进削球技术的练习。

① 固定落点或线路的正、反手稳削练习。

② 一点对两点正或反手削上旋球，削弧圈球练习。

③ 正、反手削中路追身球练习。

④ 正、反手削突击球或前冲弧圈球练习。

⑤ 练习全台削对方从左 1/2 台或右 1/2 台攻或拉过来的球。

（2）提高正、反手削转与不转结合控制落点的能力练习。

① 削加转球：从左、右两角削加转到对方的左或右半台。对方拉前冲弧圈球。

② 削不转球：从左、右两角将球削到对方左半台或右半台，对方拉前冲弧圈球。

③ 全台对全台，正、反手削转与不转结合控制落点，对方无规律拉加转弧圈结合拉前冲弧圈。

（3）提高左、右摆速与步法移动灵活性练习。

① 正、反手削球，两点对一点。

② 逢直变斜、逢斜变直。

③ 不同落点对一点的削球练习。

（4）提高攻、削结合能力的练习。

① 同线的削和攻可在单线练习中进行。

② 削斜攻直、削直攻斜可在一点对两点的练习中进行。

③ 左削右攻、右削左攻，可在两点对一点的逢直变斜、逢斜变直的练习中进行。

④ 时削时攻，可在不定点对一点的练习中进行(可定专练习正手反攻或反手反攻为主)。

⑤ 全台削中反攻，可在不定点对不定点的练习中进行，在练习过程中，可结合转与不转、逼角等变化来争取机会，伺机反攻。

⑥ 削球结合推挡：反手位削，推对方全台不同落点。

⑦ 搓球结合削球：全台对全台，搓、削配合反攻、反拉练习。

⑧ 削、攻、拉、挡、拱全面结合，全台对全台，削转与不转，制造机会近台反攻，或削中转挡，拱后再攻，或中台反拉弧圈球。

四、发球、发球抢攻和接发球的训练

发球是各种打法运动员必备的重要技术之一，发球是双方比赛中每个回合开始的第一板技术，它主动性强，隐蔽性、突然性大，精良的发球技术给对方造成很大威胁，它为直接得分或为第三板抢攻创造条件，是先发制人十分重要的手段。因此，要求每个运动员必须掌握一至二套结合自己技术、战术特点的发球技术。

建立在良好技术基础上的发球和发球抢攻、抢拉是现代乒乓球比赛中至关重要的技术，也是我国乒乓球技、战术的特长之一。应在加强基本技术训练的基础上，进一步研究和创造新的发球和发球抢攻(拉)的训练方法。

（一）发球技术的训练

1.掌握发球技术，提高发球质量的练习

采用多球(100～200 个)独自进行发球练习。

（1）单一发球定点或定线的练习(用同一旋转的发球到某一点)。

（2）单一发球，变化落点或路线的练习，(在同一位置发出同一种旋转的斜直线、长短球。着重体会控制拍形角度、击球点、第一落台点，肌肉发力方法等要点)。

（3）两种旋转以上的发球、变化旋转和落点的练习(用侧上、侧下旋或转与不转、上旋与下旋、急球与短球等发出不同的落点和路线)。

（4）多种旋转发球，变化落点和路线的练习(用两种以上旋转发球，发出不同落点和路线的球，例如，右侧旋、侧上旋、右侧下旋球等)。

（5）将各种发球方法配套进行反复练习(根据自己打法类型特点，选用一套或两套发球方法进行反复练习)。

2. 提高发球抢攻(冲)能力的练习

（1）发球后，要求对方用固定的方法接发球至固定落点，然后抢攻、抢拉。

① 单一发球后进行定线抢攻、抢拉。

② 单一发球后进行不定线的抢攻、抢拉。

③ 配套发球后进行定线抢攻、抢拉。

（2）单一发球或配套发球后，让对方用多种方法回接，也可不固定落点，然后进行抢攻、抢拉。

（二）接发球训练

接发球是由被动转化为相持或主动的关键性技术。根据当前世界乒乓球的技术、战术进一步朝着积极主动方向发展的趋势，无论练哪一种接发球技术都应力争主动，切忌保守求稳。

1. 专门接发球的训练方法

（1）用单一的接发球技能回接单一旋转、同一落点的发球。

（2）用任意的接发球方法回接多种不固定的发球。

2. 接发球抢攻、抢拉的练习

（1）对方单一旋转发球，固定落点或路线，进行接发球抢攻、抢拉。

（2）对方多种旋转发球，固定落点或线路，进行接发球抢攻、抢拉。

（3）对方单一旋转发球，不固定落点或线路，进行接发球抢攻、抢拉。

（4）对方多种旋转发球，不固定落点或线路，进行接发球抢攻。

（5）加强接发球第二、四板的主动防守练习。

五、多球训练

多球训练是根据不同类型打法技战术的需要，按单球训练的内容和接近于单球训练的击球方式，在一定的时间内用多球连续不断地供球，既可一球一用，也可一球连用，提供各种不同性能的球，这是对各类型打法都行之有效的训练方法。该方法目前已被广泛采用。

多球训练的作用如下：

（1）多球训练可以提高单位时间内的击球次数，增大练习密度，有利于掌握、巩固和改进技术动作，在提高步法灵活性和掌握高难度技术方面有显著作用。

（2）可以通过反复连续的模仿供球，练习比赛中常见常用而平时用单球难以练到的技战术，对技术组合和综合战术的效果更佳。

（3）多球训练易于控制供球的速度和难度。一些具体的训练内容和方法在此不作详细的说明（可参考本节各类型打法的训练方法部分的内容），教练员在训练中可以发挥想象力和创造力，开动脑筋，努力挖掘多球训练的潜力，但在训练中必须注意以下问题：

① 多球训练绝不能代替单球训练，多球训练与单球训练的时间安排应是1∶2。在多球训练后，最好安排一定时间进行正常的单球训练，这样可以弥补多球训练的不足，防止一些不利因素的影响。

② 要注意掌握好运动负荷。多球训练的密度、强度大、难度高，如果运动量掌握不好，容易造成局部负担过重，以至过度疲劳。因此，要采用定时、定量（规定供球次数或命中次数）的方法进行练习，并要注意贯彻循序渐进的原则，随着训练水平的不断提高，逐步加大运动负荷。

③ 随着训练水平的不断提高，应增加供球的难度，加强速度、旋转、力量和落点的变化，使其在难度较大的情况下，提高击球技术的质量。如看到训练者的手法走样、步法忙乱时，应适当减低供球难度，必要时可暂停训练，消除错误动作，以免形成错误的动作定型。

④ 应防止和克服因为球多（不用每球必拣）而容易出现不动脑子或不认真对待每一板球的错误倾向。

第四节 专项身体训练

乒乓球运动员身体训练的任务是，在促进身体素质全面发展的基础上发展乒乓球运动所必需的速度、灵敏、力量、耐力等专项身体素质，从而保证和促进技术的提高。

良好的身体素质是提高技术水平的物质基础，是形成和保持良好竞技状态，胜任紧张比赛的必备条件。运动员身体素质的提高，也反映出技能质量的提高，它是承担较大运动负荷和系统训练，取得优异成绩的根本保证。但在实践中身体训练常常被忽视，有些运动员认为：身体训练可有可无，短期内苦练身体并没有感到对技术的提高有立竿见影的效果，而勤练技术则显得效果提高明显，不如"节省、保存"体力多练技术，再加上身体训练枯燥，因此不重视身体训练，练时不认真、不使劲。这是由于他们缺乏身体训练方面的知识和经验。教练员要教育和引导运动员正确对待身体训练，另外还要加强研究，科学地安排身体训练，不断学习、实践，总结出一套行之有效的身体训练方法。在高校乒乓球训练中，尤其要重视身体训练。大学生身心正处在迅速成长发育的时期，应全面发展他们的身体。通过身体训练，提高速度、力量、耐力、灵敏性等身体素质，改善机体各器官、系统的机能，培养勇敢、顽强、吃苦耐劳的意志品质，使学生身心获得健康和协调发展。

身体训练包括一般身体训练和专项身体训练，它们各有特点，互相区别，但又互相联系，在安排训练时应注意使两者有机地结合起来，才能收到较好的训练效果。

一、身体素质内容

（一）力量素质

1. 力量的意义

任何一种运动都要求具有相应的力量支撑。力量是乒乓球运动员必备的重要身体素质。

力量的增加有助于爆发力的发展，力量是肌肉耐力的一个因素，力量还有助于灵敏性的发展。适宜的力量训练可以更好地控制和操纵自己身体的运动，力量也是跑速发展的动力。总之，肌肉力量的提高在很大程度上影响着速度、灵敏度和耐力的提高。如果没有力量的提高，则限制技能质量的提高，特别是下肢的启动。移动、制动惯性灵敏度难以提高。

2. 力量的概念和形式

力量是身体或身体某部位肌群协同收缩的能力，或者说，力量是肌肉收缩时所能产生的强度。工作肌以最大强度和最大速度进行收缩，就是力量的一个表现形式。

力量组成的三个因素：

（1）做动作时肌肉群的合力。

（2）主动肌同对抗肌的协调能力。

（3）所包含的骨杠杆的机械率。

第一个因素表明，做每一个动作不只是单一肌肉参与收缩，而是有好几块肌肉同时收缩。以攻球动作的屈前臂为例：有四块肌肉参与屈肘，即肱肌、肱二头肌、旋前圆肌和肱桡肌，这四块肌肉收缩时的合力越大，则力量就大，这种合力可以通过逐步增加阻力的训练而得到增长。

第二个因素表明，屈肘肌和伸肘肌要协调，即屈肘时，伸肘肌要放松，伸肘时，屈肘肌要放松。如屈肘时肱三头肌放松，屈肘才能快速有力。这种协调能力，可以通过专门练习而得到改进。

第三个因素表明，人体骨骼可以在肌肉拉力的作用下克服一定的阻力，使之围绕关节轴转动。这从一定意义上来说和杠杆的功用相同，所以叫做骨杠杆。骨杠杆的机械率取决于阻力臂和力量的相对长度，因不同的关节而不同。以提脚跟和屈前臂为例，提脚跟肌与肘肌力臂长短的阻力不同，所以提脚跟肌时可以用较小的肌肉拉力就能克服较大的阻力；屈前臂时肌力臂短于阻力臂，所以要用较大的肌肉拉力才能克服较小的阻力。但它的优点是运动速度快，所以这一类杠杆又叫做速度杠杆。明白了这一点，对于我们提脚跟肌如何运用前臂使攻球动作更加合理是很重要的。

力量的形式大体上有两种：静力性力量和动力性力量。乒乓球运动所有动作的力量均属于动力性力量。动力性力量的概念是指做动作时肌肉的张力不变，但收缩时肌肉的长度发生变化，所以叫做等张收缩。静力性力量的概念是指做动作时肌肉的长度没有改变，但肌肉的张力是随用力的程度而发生变化的，所以叫做等长收缩。这两种力量既有一定的关联又有区别，有可能因发展其中一种，而另一种在一定程度上也得到发展。还有一些其他力量的概念，如相对力量、绝对力量、快速力量等，在乒乓球运动中，使用相对力量、快速力量较多，而使用绝对力量较少。相对力量是指运动员操纵自己身体的力量，体重小、力量大者相对力量好，体重大、力量小者相对力量差。快速力量是指爆发力，它是一种极短时间内肌肉快速收缩的能力，绝对力量是指克服外界阻力的能力。如使某一重物产生位移，这要求肌肉收缩时表现出最大限度的紧张。

（二）速度、灵敏性素质

1. 速度和灵敏性的意义

速度和运用速度的能力几乎是所有球类运动项目所必不可少的，而中国乒乓球的快攻，更特别强调速度的重要。乒乓球比赛要求判断快、反应快、启动快、摆臂快、移动快、制动快、动作和方向的变化快等。速度的快慢往往可以影响比赛的胜负。在所有涉及身体某些部位迅速发生变化的运动项目中，灵敏性的重要性显得非常突出，乒乓球运动员要有很好的灵敏性，比赛中运动员对外界的刺激必须用灵巧的动作迅速地作出反应。

2. 速度、灵敏性的概念和形式

速度是人在某种条件下以最短的时间完成某一动作的能力。速度有多种形式，从生理学观点讲，对外界刺激的反应速度和肌肉收缩的速度是一些比较基本的概念，这些概念对乒乓球运动有很大意义。但是从运动学的观点讲，速度的概念还应包括下列三种形式：第一，人体某部分的动作速度，这是非周期性的速度；第二，短距离的跑速（加速度）；第三，最高跑速，这是周期性的速度。

人体各部分的动作速度很不相同。对成人来说，肢体远侧端各关节的动作最快。头、躯干运动时，应答反应的速度最小，而腕、肘、踝关节进行运动时，应答速度最快，这也说明乒乓球技术中的腕关节动作的重要性。

提高速度要注意两个方面：增加动作力和减少反作用力。增加动作力的途径是提高肌肉收缩的速度；增强肌力对抗阻力的力量，改善协调性，利用动作中的杠杆作用。

灵敏性也可以叫做灵活性。从生理学的观点看来，它是条件反射活动的一种形式，其表现是建立为完成困难动作所必需的协调运动。能从某一些反应很快转变为另一些反应，并能建立新的暂时性联系，它是皮层神经高度可塑性的表现。灵活性是迅速改变身体或身体某一部分运动方向的能力。灵活性是由几种运动素质结合而成的，包括力量、反应、运动速度、爆发力和协调性。灵活性有一般灵活性和专门灵活性两种形式。

（三）耐力素质

1. 耐力的意义

耐力是运动竞赛中竞技能力的基础成分之一，也是健康身体的重要成分。

耐力在一些体能要求很强的激烈比赛中占据着极为重要的地位，如赛跑、游泳、滑冰、自行车、足球、篮球、排球等。在乒乓球这一运动项目中，耐力素质也不能忽视。因为在要求技巧精确性极高的比赛中，哪怕是有极小的疲劳，也将会对动作的准确性产生不良影响，当肌体疲劳时，对来球的判断、反应、动作速度以及动作的协调性和灵敏性都会随之降低，因此在发展力量、速度、灵敏性素质的同时，应该相应地发展耐力。

2. 耐力的概念和形式

耐力是在尽可能长的时间中进行活动的能力，即是对抗疲劳与疲劳后快速复原的能力。

一个人的耐力好，常由下列几个因素决定：神经系统的兴奋和抑制过程是协调的；参与每次肌肉收缩的机能单位的数量是适宜的，其收缩的速度和变化也是适当的；肌肉活动的性质、强度与血液循环、呼吸、排泄之间是适宜的。这些因素，均可通过专门训练而增强。在运动员训练中，耐力的形式多种多样，区分方法也有所不同：一种方法是区分为肌肉耐力与心血管耐力；另一种方法是根据活动的性质分为一般耐力、速度耐力、力量耐力、静力耐力等，或总的区分为一般耐力与专项耐力。因为除了一般耐力外，各运动项目的活动性质不同，其耐力的特点总是有区别的。没有任何一种耐力能够满足所有运动项目的需要，所以各个项目的训练，除了注意一般耐力外，都不应放松专项耐力的训练。乒乓球项目要求运动员必须具备很好的速度耐力和力量耐力，而这种耐力不是一种固定频率、固定强度的耐力，而是要求速度有快慢节奏、力量有大小变化的耐力。

二、身体训练的方法

（一）一般身体训练的手段和方法

一般身体训练可广泛采用田径、球类、体操、举重、滑冰、游泳等运动项目来发展速度、灵敏度、力量、耐力、柔韧性、协调性等身体素质，使运动员获得全面发展。

1. 发展力量的方法

经常采用的发展力量的练习有俯卧撑、引体向上、仰卧起坐、仰卧举腿、单足跳、双足跳、蹲跳、跑台阶、小哑铃屈臂等、传接实心球和适重的沙袋负重练习等。必须指出，乒乓球运动员所需要的是快速力量，因此，在力量训练中不能只追求重量而忽视速度，应当在一定速度要求的基础上逐渐增加数量，应以速度性力量练习为主。进行强度较大的力量训练时，在开始前要注意做好准备活动，训练后要注意肌肉的放松与调整，以提高肌肉的弹性。

2. 发展速度的方法

乒乓球运动中的速度一般包括反应速度、启动速度、短距离冲刺速度和快速的制动能力等。经常采用的速度练习包括：小步跑转加速跑、原地高抬腿跑、跨步跑、各种姿势的起跑、30～100 米的快速跑、变速跑、接力跑、3～5 米间的往返跑以及各种游戏。进行速度训练时要注意循序渐进，对于训练水平较低的人，重复跑的次数不宜过多，强度不宜过大，重复次数多易产生疲劳，对于发展速度是不利的。速度训练时，还应注意在运动员精力充沛的时候进行，不要在强度大的力量练习和耐力练习之后再安排速度练习，因为这时运动员已经疲劳，不易收到较好的效果。

3. 发展灵敏性的方法

乒乓球运动员必须在短暂的时间内迅速移动位置，挥拍击球，所以对灵敏性的要求很高。一般采用的灵敏性练习有变方向跑、转体交叉步、听信号跑、单摇和双摇跳绳、跳橡皮筋、踢毽子、技巧和其他球类运动，以及各种活动性游戏等。

4. 发展耐力的方法

耐力是保证乒乓球运动员在激烈比赛的情况下坚持较长的时间，并能充分发挥技术的一个重要因素。经常采用的耐力练习有反复和交替的竞走、原地连续弹跳、3 分钟跳绳、800～3000 米跑步、多次的 20～30 米冲刺跑、游泳、滑冰和其他球类活动。

5. 发展柔韧性的方法

发展柔韧性素质，对掌握难度较高的动作、复杂的技术，避免运动损伤都有一定的作用。经常采用的发展柔韧性的练习包括转肩、屈手腕、压腿、踢腿前俯后仰、侧仰和转体等动、静力训练。

（二）专项身体训练的手段和方法

1. 专项身体训练的特点

乒乓球运动员除发展一般的身体素质外，还要发展乒乓球运动员所需要的专项身体素质，这对于更快地掌握和提高乒乓球技术有密切的关系。

乒乓球运动员需要的专项速度是指非周期性的单个动作的速度，即击球时的挥拍速度和步法移动速度，它和赛跑运动员需要的速度有明显的区别。

乒乓球运动员所需要的灵敏性，是指临场比赛时的一种快速反应能力、应急能力和操控能力。根据测定，来球在空中运行时间一般是 0.3～0.5 秒，在这样短暂的一瞬间不仅要判断清楚来球的方向、落点和旋转性能，同时还要根据对方的站位情况来决定对策，这就需要有良好的随机应变能力。优秀运动员能以变幻莫测的战术、又快又巧的手法乘虚一击而制胜对方，这就是灵敏性的具体表现。从上述特点中可以清楚地看出，专项速度和灵敏性是乒乓球运动本身所要求的，因此在实践中首先得到发展。

乒乓球所需要的力量，是指在击球时所表现出来的快速力量，即所谓爆发力。比赛时运动员要表现出较大的击球力量就应该提高摆臂的加速度，因为击球时挥拍的加速度越大，则击球的力量也就越大。乒乓球中的爆发力和举重或在投掷运动中的爆发力是有一定区别的。它是运动员控制和运动自己的肢体，特别是快速运动自己手臂的一种力量，这种力量越大，越有利于提高摆臂的速度。在训练中，应根据运动的特点，采用正确的方法来提高上臂、前臂手腕、下肢和腰腹肌群的快速运动能力。根据一些乒乓球比赛的统计材料来看，一般每场比赛约为 9～36 分钟，每场挥臂次数约为 300～1200 次，移动的距离约为 1000～3000 米。此外，乒乓球运动在球类运动中是个人竞赛项目。一场较大的正式比赛，一般要连续进行十天左右，一天要赛数场，而且越到后期越是紧张激烈，因此对专项耐力的要求也越高，即要求这种耐力能满足一场比赛的需要，常常看到有些运动员专项耐力不好，在比赛后期降低了攻球速度或者动作迟缓，因而影响了比赛的质量。由此可见，运动员在激烈的比赛中要承担这样大的运动负荷，在体力消耗极大的情况下保证击球动作的质量，必须具备很好的速度耐力和力量耐力。因此，相应地发展专项耐力对乒乓球运动员来说是非常重要的。

2. 选择乒乓球运动专项身体训练的方法

运动实践和研究工作证明，专项身体素质训练方法要符合专项运动的要求，否则就达不到预期的效果，甚至还可能有副作用。因此，在选择或发掘乒乓球运动专项身体训练的方法时，必须注意以下几点：

（1）选择比赛中重要的单个技术动作（例如攻球中的正、反手攻球和削球中的正、反手削球）作为专项身体训练的方法，训练中要注意把有规律的动作和无规律的动作、负一定重量的和不负重量的，以及在正常情况下和复杂变化情况下的技术动作综合起来进行练习，以适应比赛的实际需要。

（2）根据单个技术动作的特点，创造各种近似的练习。例如，使用一些专门的器械或工具用以提高上臂、前臂、手腕、腰腹以及下肢各部分肌肉收缩的速度，增强有关肌肉群的力量。

（3）技术动作组合练习，如推挡接正手打回头的技能，推挡接侧身抢攻的技能等。

（4）结合击球基本路线的练习训练步法，如两点打一点、不同落点打一点。

（5）在球台上利用简单的装置训练反应能力，如灯光指示器等。

3. 专项身体素质的训练方法

（1）发展专项速度、力量和灵敏性的练习。在提高手臂摆速和脚步灵活性的过程中，要注意动作结构的正确性和击球用力的科学性。既要保证适时而迅速地起板和足够的动作幅度，充分运用臂、腿、腰腹、手腕的力量，以增加刹那间的击球速度，又需要熟练的脚步移动，避免多余动作和紊乱现象。训练方法宜采用无负重的快速摆臂以及突然性的快速移动脚步的练习。训练时，要注意使肌肉在每次紧张之后充分放松。根据前述选择专项练习的方法，例如专项速度和灵敏性的练习方法如下：

① 上臂和前臂负重 0.5～1 公斤的砂袋或手持铁拍（0.5 公斤左右），及不负重做单个击球动作的快速摆臂练习。在做这些动作时，必须注意动作结构的正确性，并以最大的速度去完成。

② 采用负重或不负重做两个或两个以上的结合性技术的快速摆臂和移动练习。在做这些练习时，要求达到足够的动作幅度，可以规定在 1～2 米的范围内进行，同时还应注意

使身体重心的交换与腰部的转动密切结合起来，从而提高两面摆速和脚步移动。

③ 采用异线长短球加强快速摆臂练习。

④ 负重或不负重的各种步法模仿练习：如单步、跳步、跨步、交叉步、侧身步或两种以上的步法结合起来，要求每做完一次练习应迅速还原并和下一次练习联系起来，也可以在一定的时间内分组进行，以最快的速度去完成。

例如：

（a）两边线之间的左右移动步法（30″～1′）。

（b）1/2 球台宽度的左右跨跳（30″～1′）。

（c）两端线之间的交叉步移动（30″～1′）。

（d）推、侧、扑步法练习（30″～1′）。

（e）长短球步法练习（30″～1′）。

在做上述练习时以先做负重练习，再做不负重练习（两者交替进行）这样将会获得更大的效果。

例如：

（a）沿球台侧滑步接力赛。

（b）看手势做交换接球位置或姿势的练习。

（c）基本球路结合步法练习（两点打一点、不同落点打一点等）。

（d）用多球练习提高步法移动速度。

（2）发展专项耐力的练习。运动生理学的研究论证了发展耐力的有效方法是做无负重或轻负重的中等速度的练习。因为在这种情况下，中枢神经和它所支配的运动器官是在有利条件下进行工作的，如果负重大或速度快，则不能收到好的效果。

在乒乓球比赛中，单个动作的速度较快，但单位时间内活动的总次数不多，基本上属中等速度，因此可以采用这种速度来发展专项耐力。但在训练中，还应根据具体对象，分别提出单位时间内训练作业的速度要求，因为中等速度因个体、训练水平的不同而有所差异。对耐力好的运动员，应用稍快一点的速度来发展专项耐力，对耐力较差的运动员，则可以从适宜的中等速度开始练习。

发展专项耐力的练习方法：

① 进行数组 1 分钟的结合个人特点的步法与手法相结合的练习。规定在一定的范围内无规律地变换方向和启动。

② 进行数组 30 秒～1 分钟的快速跳（或跳绳）的练习，每组完成后休息 1～3 分钟。

③ 3 分钟的交叉步练习。

④ 30 秒×10 各种步法的结合练习。每种步法做若干次，然后转换另一种步法练习。每次中间休息 30 秒～1 分钟，连续做五次为一组，每组完成后安排 3～5 分钟休息。每次练习以较快的速度完成。

⑤ 利用多球或模仿动作做单项或结合技术练习。连续 3～5 分钟为一组，每次完成 3～5 组。或以供球数为指标完成练习任务。

4. 乒乓球运动员的循环练习

循环练习是体育运动中教学、训练的一种组织教法形式，它依据运动生理学的原则，有目的地选用几个主要练习手段，在一定的时间内按预先因人确定的练习量和练习程序循环地进行练习，是对运动员进行全面发展训练和身体训练的一种训练方法。

（1）循环练习法的特点和作用。

① 循环练习是由简单易行的动作组成的，练习量是以定时极限体能测验（即最高重复次数）的 25%～75% 安排的，运动员以自己体能的次极限强度（极限本能稍低的重复次数）进行循环练习，其中包括了时间因素，既简单又有兴趣，并可提高训练课的密度，充分利用时间有效地发展某一素质或全面发展身体的各项素质，提高内脏器官的功能。

② 按每个人的身体条件循序渐进地逐渐增加运动的负荷量，还能区别对待，因人而异地解决负荷量问题，避免过度紧张，人人都"量力"而行。身体训练水平较差的运动员，也易感到自己的进步，从而增强信心。

③ 教练员、运动员都能随时了解体能提高的情况，较简便地解决了课程密度、负担量及成绩考核等几个方面的问题。

（2）循环练习的实施方法。

① 学习和正确掌握循环练习程序中的全部动作，做好接受测验自己最高水平的准备。

② 按循环练习的程序：在规定的时间内尽最大努力做更多的次数，记下每项测验的次数。每项规定的时间一般 30 秒～1 分钟，视运动员的身体情况而定。初次测验时，每项测验后可间隔休息 1 分钟再测下一项。

③ 以每人每项测验最高次数的 50%～75% 规定每人平时的训练量（可根据运动员身体情况确定百分数）。确定了训练量以后，可按照循环练习的程序，连续测定循环三次所需的总时间（中间不休息），以此总时间为原始成绩，记录在卡片上。

④ 训练一个阶段后进行复测，对训练效果作一次分析总结，看每人提高了多少，是不是达到了计划的目标，同时确定以后是否需要调整训练内容和训练量。

（3）编制循环练习的原则。

① 编制循环练习时，要周密考虑所选动作的生理效果。要考虑运动员现有的训练水平与年龄特征，还要根据场地器材设备的情况选用练习。

② 所选用的每一个练习动作要有统一的标准，要易于测定重复次数。选用练习动作的数目取决于时间因素，通常 5～15 分钟能完成所规定的循环练习比较合适。

第五节　心理训练

一、心理训练的概念

体育中的心理训练有广义和狭义两种理解：广义的理解是指在体育运动中，对学生或运动员进行有意识的影响，使其心理状态发生变化，达到适宜的程度以满足提高运动技术水平和增强身心健康的需要；狭义的理解是采用专门性的具体训练方法，改变学生的某一心理因素，以适应体育训练和比赛的需要。在体育训练和比赛中，两种心理训练应是紧密结合、互相补充的，只有广义的心理训练，缺乏针对性和具体手段，不容易看到效果，不利于坚持长久；只进行狭义的心理训练，缺乏全面心理状态基础，不利于从根本上改善学生或运动员的心理状态。作为统一的心理训练概念，不应当人为地把两者割裂。

二、心理训练的作用

(一) 提高心理活动水平

身体素质、运动技术和心理素质（专项运动心理因素）是决定运动员训练和比赛成绩的三个不可分割的因素。其中，身体素质是保证体育运动质量的生理物质基础，运动技术是基本条件，而心理素质是使两者能够发挥作用的内部动力。

对于参加乒乓球训练的大学生运动员来讲，心理因素是他们在训练和比赛中控制自己生理活动和技术动作的主要因素，心理活动水平低，就难以对生理活动和技术动作进行有效的控制。在这种情况下，尽管具有较好的身体素质和较高的技术，也不能使其充分发挥作用。甚至有时越是身体好、精力旺盛、技术水平高的人，反而失常得更厉害，充足的生理活动能量会冲击心理状态，使其产生心理紧张，冲击肌肉动作，用力过大，动作变形，从而造成比赛或训练的失误。为此，必须用心理训练的方法，提高心理活动的强度，使其达到能进行自我控制的水平。

(二) 提高心理活动强度

在训练和比赛中，要求运动员具有一定的心理活动强度，若强度不足，则无法实现对身体素质和技术动作的主导作用。但是这种心理活动强度要适宜，不能太强，太强了也会因对身体素质及技术动作的不适当调节造成失误。因为运动技术动作的完成要求身心力量平衡，身心任何一方超过了需要的限度，都会破坏身心平衡，导致局部甚至全部技术动作的变形，从而直接影响训练和比赛的效果。

在训练过程中，教练应当帮助运动员进行赛前心理训练，使其心理活动适合自身的力量、训练和比赛的要求，始终维持身心力量的协调。只有通过心理训练手段，才能教会学生进行心理控制，这是心理训练的根本任务之一。

(三) 消除心理障碍

体育心理训练的作用不限于对心理活动水平的调节，它还包括消除和医治某些以往形成的心理障碍的作用。在训练和比赛中，由于技术失常出现的比赛失败往往会造成心理上的障碍，如临场情绪过敏、心理性疲劳、动机不足、运动感觉迟钝等，这些心理障碍是由于运动挫折直接引起的心理伤痕。对此，一般需要采用专门性心理恢复和治疗措施，不能用身体训练或技术训练的方法代替，也不能放弃治疗、单纯依靠自然恢复。心理障碍只能用心理学的方法去克服。

三、心理训练内容

心理训练的内容是很广泛的，可分为平时的一般心理训练和赛前心理训练。根据人的心理活动内容的不同，可以包括认识过程的训练、注意力集中的训练、想象和思维的训练、意志和情感的训练等；从运动的专门任务和要求来看，心理训练的内容又包括参加比赛的训练、技能技巧形成与提高的训练、专门化知觉的训练等。为了对运动员施行定向的心理影响，首先要对运动员进行心理诊断，了解运动员的心理状况，以便为排除运动员可能出现的各种心理障碍进行有针对性的训练，提高他们自我控制和自我调节的心理能力。在此基础上，还必须培养运动员具有参加比赛所需要的良好的素质。

乒乓球运动表现出速度快、技巧性强、精确度高、变化快而复杂，比赛方式一对一为主，比赛气氛紧张激烈，比赛对手的打法各不相同，比赛中领先与落后频繁交替等特点。这些特点很容易使运动员出现各种不同的心理障碍，因此，它要求运动员具有积极而稳定的情感，勇敢、顽强的意志，机智、果断的品质和高水平的自我控制能力等。对于乒乓球运动员来说，必须加强专项心理训练，才能适应专项比赛的需要。

高校乒乓球训练任务不同于一般的学校体育教学和体育活动，也不同于专业运动员的训练。因此，在心理上、训练上不能忽视高校大学生运动员心理训练的特点，应考虑高校乒乓球训练的心理准备和训练问题。心理训练不应当只限于运动过程中进行，而且要在训练和比赛前、后的准备工作中进行，这种训练和比赛的准备时间又不限于临近比赛时期，应当贯穿于他们的整个运动生活过程。体育心理素质的训练不是短期任务，而是长期的训练任务，为此，必须把大学生运动员的全部生活过程作为心理训练的内容。在生活中训练，在训练和比赛中运用，在训练和比赛中训练，又在生活实践中运用。只注意临场心理训练，忽视日常生活中的心理训练，缺乏心理训练的连续性，这样不仅不能使现场的训练成果迅速巩固，而且会受到日常心理习惯的消极抵制使心理训练不能取得预期的效果，这是值得重视的问题。在生活过程中对大学生运动员进行心理训练，一方面是为了保证训练和比赛的正常进行，另一方面也是为了使心理训练效果迁移到未来的生活、工作中去，这一点对于大学生尤其重要。

四、心理训练的原则

心理训练不同于专项技术和身体素质训练，它有自己的特殊内容和手段，为此，在心理训练中除了必须遵循专项技术和身体训练的一般原则外，还必须遵循心理训练的不同原则。

（一）促进身心健康发展

心理训练是对运动员施加影响的训练，它是直接转化人的"内心世界"的特殊教育过程，任何心理训练方法的使用，必须首先有利于运动员的身心健康发展，促进运动成绩的提高。大学生运动员是国家的宝贵财富，在他们身上进行心理训练时，必须采取极端负责的态度。训练前要仔细了解他们的心理状态，精心选择和运用训练手段，要耐心观察、记录和处理训练过程中的反应，以便及时巩固心理训练效果，防止发生副作用，另外，事先必须对训练对象进行相关科学知识的教育，要有周密的计划和步骤，教师首先须进行自我心理训练，应具有心理训练修养。

（二）必须自觉自愿地进行

心理训练的主要任务是培养对心理状态的自我调节能力，心理训练采用的主要手段要由运动员自己掌握，因此，学生是否能自愿配合，是心理训练效果好坏的主要因素，当然，强调自愿，绝不意味着不要教练的从旁诱导。而是说，即使有较好的外因诱导因素，也必须建立在学生需要的基础上，学生在心理训练时，如果能有积极态度，就会主动配合，很快地掌握自调节的手段，取得预期的效果。如果他们对此持观望、怀疑，甚至否定的态度，这种消极态度会成为掌握自我调节方法的内部心理阻力。因此，教练员应首先向运动员讲清心理训练的目的、意义和作用，使他们认识到心理训练的重要性。其次，在训练中教练员还要善于发现运动员进行心理训练过程中的微小进步，及时给予肯定和鼓励，使他们看到自己的进步，体验到心理训练获得的效果，从而进一步增强信心，提高心理训练的自觉性和积极性。

（三）结合个体心理的特点因人而异，区别对待

心理训练的主要目的在于改善心理状态，使其达到最佳水平，以适应运动技术和身心全面发展的要求，而改善心理状态必须以学生的个性心理特征为依据。在整个心理训练过程或训练的某一阶段，在确定心理训练的任务、内容和方法时，既要考虑全队的共同需要，更要考虑学生的个体差异，对于全队共同需要发展的心理品质，可统一训练内容和时间，采用一般心理训练的方法，按一定的要求进行；但由于运动员的年龄、性别、训练水平、比赛经验、个性心理特征等的个体差异，心理训练必须针对不同对象进行具体的安排，不能千篇一律；特别是赛前心理训练，更应根据比赛的性质、任务、对手情况、运动员本身所负担的任务，找出各人可能出现的心理障碍，及早地进行针对性训练。由于人的心理具有较大的可塑性，在采取个体化的心理训练方法时，不仅要以个体心理特点为依据，而且要以个体不同时间内的具体心理状况的变化为依据。要充分发扬每个人的心理潜力，弥补心理缺欠，促进心理的均衡发展。

（四）从实战出发，结合技术、战术、身体训练进行

心理训练的直接目的在于促进运动技术的提高和战术能力的发展，保证学生在比赛中技术、战术水平的充分发挥。因此，心理训练的任务、内容和方法的确定必须结合实战的需要。实践证明，平时训练所掌握的技术、战术，如果缺乏良好的心理品质作保证，在比赛中是难以得到充分发挥的，所以，心理训练一方面要和技术、战术、身体训练结合起来，互相促进，另一方面应尽可能在近似于正式比赛的条件下进行。特别是在一些正式的比赛中，更要有意识地加强训练，越是在这种情况下获得的心理品质越有利于技术、战术水平的发挥。

（五）必须持之以恒，长年坚持进行

心理训练要求从根本上改变人的心理状态和个性特征，不是权宜之计，更不是轻而易举的事情。乒乓球专项运动要求的心理素质和品质不是一朝一夕能够形成的，它和技术、战术及身体训练一样必须经过反复的训练才能获得。教练员必须有较长时间的训练计划，根据不同的训练时期和运动员的训练水平，确定不同的训练任务、内容和方法，进行有所侧重的训练，在训练中要不断启发教育学生，坚定心理训练的信心，对困难做好必要的思想准备，持之以恒，不断进行自觉的自我训练，逐步学会控制自己的心理状态，提高心理训练的效果。

五、实用的心理训练方法

体育运动中心理训练的方法有很多种，包括心理、意志、情感等心理过程的训练、个性心理特征的训练以及记忆力和注意力的训练等。目前，国外采用的训练方法较多，高等学院大学生乒乓球训练过程中为了调整和控制运动员在训练和比赛时的心理活动，使心理活动达到最适宜的状态，常采用的心理训练有动机训练、表象训练、模拟训练和思维调整训练等。

（一）动机训练

动机是学生进行运动训练和比赛的内部心理力量。一个人对训练或比赛具有强烈的动机，他就会信心百倍，勇于克服一切困难，调动自身的潜力去争取胜利。动机是否强烈，主要表现为信心的大小，它会直接影响运动成绩。动机和信心来源于对外部对手和自身力量的正确估计。一个能正确分析客观形势并充分调动自身潜力的人，他会具有强烈的动机和充足的信心，反之，再大的自身优势和潜力，也会因动机的不足受到压抑，在客观困难面前无能为力。由于动机和信心来源于对内、外条件的科学估计，所以教练员要采用心理训练的方法，帮助学生形成正确的动机。动机的主要训练方法包括以下两种。

1. 说服、动员

在进行训练和比赛之前，教练员通过言语分析，帮助学生认识有利的客观条件和自身潜力，从而提高动员水平，这是经常采用的动机训练方法。这种说服、动员的方法，如果使用得当，具有针对性，可以收到较好的效果。采用言语说服、动员的方法，要求谈话者具有权威性，论据充分，符合实际，才能起到鼓励作用。

2. 战绩回忆训练

有些人缺乏运动动机，是由于过多地想到了自身的不利方面，忽视了有利因素的结果，对此，单纯采用说服、动员的方法不一定能改变动机状态，可以采用自我回忆战绩的方法，从自身内部获得动机力量。这是一种独特的动机训练方法，具体做法是，让被训者处于自我放松的状态，在恢复身心力量的基础上，诱导他回忆自己最佳的运动训练和比赛的情景，如在紧张比赛中，自己注意力高度集中，沉着、冷静地进行比赛，打得得心应手的情景，在强手面前毫不畏缩，每一分都在拼和取得胜利的情景，在比赛进入关键时刻，毫不犹豫，敢于抢先上手，果断抢攻，使对手措手不及的情形等，回忆战胜对手的比赛情景，重视积极的情感体验，对训练或比赛能起到推动作用，提高运动员的活动能力和效果，被训者可以在表象追忆中重新认识到自己有利的身体、技术、心理素质的优势。从优势中找到潜在的力量，使暂时被失利因素压抑的力量焕发出来，达到增强运动动机，提高信心的目的。运动战绩回忆的方法是一种自我表象的修复方法，是借助于内在力量进行自我教育的方法，如果能认真执行，可以收到较好的效果。

（二）表象训练

运动技术的学习不单是对肌肉活动的训练，而且是对大脑活动（包括对脑的心理机能）的训练，可以说运动技术的学习过程是智力和体力活动的结合过程。有些技术动作不能形成往往不是由于肌肉本身的原因，而是由于大脑的智力活动水平不够，缺乏某些必要的素质，尤其是专项运动的心理素质。例如，缺乏运动思维、动作记忆以及适宜的情绪等，在这种情况下，如不首先解决心理素质问题，单纯依赖肌肉动作的重复练习，不能完全达到预期的目的。

为了提高运动技术水平，加强运动表象、想象和思维等在技术动作形成中的作用，可以采用回忆技术动作的表象训练方法。这一心理训练方法的主要特点是：回忆学过的技术动作形象，使技术动作的主要部位在表象中出现，以便根据动作表象进行技术动作练习，在此基础上，进一步形成技术动作的概念，加深对技术的理解和掌握。在平时的训练中，教练员应该要求学生经常注意体会自己成功运用某一技术、战术的各种感觉，包括动作结构、要领、关键及细节部分等。例如，在还击某来球时，位置的选择、击球的身体各部分发力时间顺序和肌肉感觉等。经常要求运动员重视回忆各种来球的肌肉感觉表象，有利于尽快形成各种熟练的动作技巧，并能在比赛中得到正常发挥。表象训练是在体育运动中实现体脑结合的科学训练方法，也是一种自我训练方法，容易学，也容易见效。回忆技能与语言刺激相结合，将肌肉收缩感觉用语言口述出来，其训练效果最佳。

（三）模拟训练

根据比赛任务和对手情况进行实战模拟心理训练，这是赛前心理训练的重要方法。模拟训练在我国乒乓球运动训练中有较长的历史，并积累了较丰富的经验，它对运动员能以稳定的心理状态参加比赛，充分发挥技术、战术水平，起到了积极的作用。模拟有语言形象的模拟和实景情况的模拟两种，语言形象的模拟主要是通过语言和形象的表象来描绘比赛时的情况及对手和自己的行动；实景的模拟就是在训练过程中设计一些与竞赛相似的条件进行训练，使人产生"身临其境"的感觉，从而使运动员在赛前对主要对手做到心中有数，减轻紧张的心理状态，提高比赛的适应能力，坚定信心，充分发挥技术、战术水平。模拟训练的效果取决于设计的模拟条件的逼真程度，因此，要设计这种模拟训练，必须要对比赛的环境、条件、比赛方式、比赛的对手作出详细的分析和了解，根据分析结果来设计模拟条件。

在乒乓球的模拟训练中，首先选择特定比赛中可能遇到的对自己威胁最大的对手作为模拟对象，尽可能收集对手比较全面的资料。模拟设计主要是从类型打法、握拍方式、技术和战术特点、技术风格以及意志等方面进行考虑，模拟者应尽可能表现出模拟对象的各种特征，赛前阶段应加强与模拟对手的练习和比赛，有针对性地改进技术，调整战术，另外，还应根据比赛环境和条件、比赛的方式、比赛的时间及比赛队的顺序的安排情况进行模拟设计，安排在接近于实际比赛的场景条件下进行训练，以提高运动员的适应性，消除紧张情绪，克服可能出现的一些心理障碍。

（四）思维调整训练

思维是人脑对客观事物的间接、概括的反应过程，它反映了客观事物的本质属性和事物之间的内部联系和关系。运动员的各种技术、战术行动始终都是在思维的积极控制和调节下进行的，思维对运动员在训练和比赛中充分调动主观能动性，促进对技术的尽快掌握或比赛中充分发挥技术、战术水平都有积极的意义。在比赛中运动员通过积极的思维得到有可能取得胜利的估计，他就会增强信心，全力以赴去争取胜利，相反，消极的情绪引起运动员情绪低落、丧失信心、动作失常、战术混乱，从而导致比赛的失败。

对于训练或比赛中出现的各种情况，可以采用各种不同的暗示方法对思维过程进行积极的调整，即在事先建立一种积极的想法去代替可能产生的消极想法，使运动员把全部注意力都集中在自己的战术行动上，从而排除来自主客观的各种干扰，促进运动员技术、战术水平的发挥。例如，遇到自己未输过的对手，采用"我已摸清了他的球路和弱点，找出了对付他的方法，一定可以取胜"的肯定暗示来调整；上一个球打丢以后，采用"我已掌握了打这种球的动作规律，这个球我一定可以打好"的积极思维来代替。教练员在训练中给运动员纠正错误动作时，或在比赛中进行场外指导时，也应该采用"应该这样做"去强调，不应该用"不能那样做"去刺激等。

思维训练主要是建立一种战胜对手的信念，用一种更积极的展望前景的思维去代替消极思维，但是，这种"信念"和"前景"的展望不能脱离主观实际，过高或过低的展望都会产生不良的影响。调整的方法更多的是以"套语"的形式表现出来，所以，平时应根据在训练或比赛中可能出现的情况，有针对性地列出一些"套语"，经过反复训练和运用，就可以在训练和比赛中取得积极的效果。

此外，还有许多心理训练方法在实际中被采用，如意志训练、注意力集中训练、生物反馈法等。对于这些方法的运用，只要注意不断地总结，同样可以收到很好的效果。

第三部分　健　身　篇

第五章　乒乓球健身

第一节　乒乓球运动的日常健身作用

一、乒乓球运动健身

第一，打乒乓球是一种全身运动。运动的目的就是要健身，一些肌肉长期不参加运动就会出问题。乒乓球运动对步伐、腰肌力量、速度和爆发力都有要求，肢体运动的方向、形式、力量又各有不同，因此，可以较大范围地调动人身上几乎所有的肢体肌肉，是一种全身运动。

第二，乒乓球运动场地要求简单，随处可以找到，容易、方便。乒乓球台几乎在每个单位、每所学校都有。国家体委把普及乒乓球作为建设和谐社区的举措确实深得人心。

第三，乒乓球运动不受天气影响，持之以恒有保障。科学告诉我们，只有持之以恒的运动才能最大限度地有益健康。因为乒乓球运动大都是在室内，刮风下雨全没有关系，高温、低温也不受什么影响，是一种全天候的运动项目，比较容易坚持。

第四，乒乓球运动充满乐趣。面对不同的对手，你必须不断调动身体潜能，在竞争中取得先机，战胜对手，特别是实力相当的对垒，更是要全神贯注。对战时你来我往，不相上下，物我两忘，其乐融融。

第五，运动量适应人群最为广泛。乒乓球运动弹性很大，有力可以泰山压顶，拉弧圈一会儿就大汗淋漓；力小可以四两拨千斤，把千钧之力化为绕指柔。更有高手利用落点变化将对手调得满场飞奔，找不到发力机会。乒乓球是很好的有氧运动，长期锻炼对人的心肺功能具有极大的好处。在乒乓球室里汗流浃背也是最好的皮肤清洁、排毒的过程。

第六，乒乓球运动技巧无边，魅力无穷。乒乓球只有 2.7 克重，但要控制好确实是需要技巧的，同样是为了把乒乓球击打过网，就有各种各样诸如抽、拉、冲、挂、撕、带、划、撇、劈、拧、挑、弹、砸、扣等多种技能、技巧。落点、速度、力量、旋转四要素使得乒乓球具有无穷的变化，配之以站位、重心、臂弯、手腕、手指的用力方向和击球时机，把乒乓球推到球类运动技巧之王的地位。虽然说乒乓球容易入门，中国人几乎都会来几下，但要把水平提高到非常高却非常困难。技巧性高，永远就有琢磨不完的技术，为爱好者提供了无限的探讨、研究和努力的空间。

第七，乒乓球运动能够很好地锻炼人体的协调性。经常锻炼可以保持正常的平衡协调能力。乒乓球对人的反应、灵敏、平衡、协调都有很好的锻炼作用。在攻球的过程中，每一板球都需要调动从脚掌、腿、腰、大臂、小臂、手腕乃至手指，次序用力，也需要把握人的重心转换、拍形控制、挥臂速度变化等。这些锻炼能够有效地提高人体机能的协调性，所以，经常打乒乓球的人一般都能做到反应灵敏、动作协调、充满美感。

第八，乒乓球对眼睛、颈椎的锻炼非常适合现代人的需要。我们正处在工业化和信息化的时代，各种资讯纷至沓来，不可回避，报刊、书籍看不完，人们在电视、手机信息、电脑面前，一待就是几个小时。这些长时间、定距离用眼的结果，只能使得我们的眼睛疲惫不堪，颈椎、腰椎病痛的人与日俱增。参加乒乓球运动，眼睛跟着小乒乓球不断调节距离，很好地缓解了眼睛肌肉的僵硬不适。在眼睛感觉疲劳时打上一局乒乓球，眼睛比点了润洁液感觉还要清爽，而且没有副作用。颈椎、腰椎也随着乒乓球拍的挥舞得到锻炼，因此乒乓球运动对最为影响现代人生活质量的几大病症都具有针对性的效果，并且立竿见影。

第九，乒乓球是脑力、体力结合的运动。要想在乒乓球竞争中取得主动，不仅要基本技术好，还要不断地观察分析，观察对方的站位，分析对手的球路、特长和漏洞。高水平球员，发球前不仅两眼紧紧盯着对手，还不断变化着手上的动作，控制球的落点。把球打到对方最难受的地方，寻找和创造杀机都要在最短的时间里完成。他们的脑海里就是一幅幅路线图，常常听见电视解说员说的"算计对手"就是这个意思，所以说乒乓球是聪明人的运动一点都不假。

第十，乒乓球运动是建立感情的纽带。乒乓球运动是一项竞技运动，总是有对手，但是，这些对手一样全都是朋友，往往越是关系好，对垒越多的越是好朋友。特别是一般把乒乓球运动作为强身健体运动的人来说，竞争是次要的，交朋结友、延续友谊更重要。所以，在竞争中，一个擦边球，不是相互争辩的导火索，而是相互谦让的红丝带，一个精彩的回击，不是对手沮丧的理由，而是对手喝彩的鼓励。在乒乓球的快乐中，通过比赛、交流球技，互相帮着捡一个球，传递着友谊。在乒乓球活动室，嗜球无坏人确实是真理，算计球路，不算计人。特别对防止老年性痴呆效果显著。

总之，乒乓球运动方便、简单、锻炼全面、运动量合适、有趣，综合锻炼效果好。特别是赞美对方，或记住瞬间的经典是愉悦心灵的好方法，它可以让人保持一天的好心情。

二、利用板弹式乒乓球(自助)训练器健身

板弹式乒乓球训练器是西安电子科技大学体育部徐国富教授于 2009 年 5 月研制成功的，2010 年 8 月获得专利，如图 5-1、图 5-2 所示。

图 5-1　板弹式乒乓球训练器(一)　　　　图 5-2　板弹式乒乓球训练器(二)

该训练器以提高运动员反应、灵敏、移动速度为目标，它的功能集中体现在训练运动员对球力量、落点、线路控制上，在训练方法上有了新的突破，为乒乓球训练和健身开辟了新的途径，创建了单人打乒乓球的平台。该器材设置构思清楚、目的性强、制作简单、携带方便、造价低、造型新颖实用，适合于青少年乒乓球运动员训练及家庭健身使用。

训练器的摆放如图 5-3、图 5-4 所示。

图 5-3　训练器练习方法示意(一)

图 5-4　训练器练习方法示意(二)

训练时，将器材摆放在乒乓球台的一端，和端线对齐并使器材的 A、B、C 三个面与乒乓球台面之间形成 $80°\sim85°$ 的夹角，以满足训练者的击球力量和回球高度；调节左右反弹板 B、C，使反弹板 B、C 与正向反弹板 A 的夹角在 160°并且使得 B、C 反弹板与乒乓球台面对角线垂直。

训练器的练习方法如下：

(1) 做中等力量击球的练习时，易操控击球的落点、线路和力量。

(2) 做移动正手攻练习，主要是控制球的反弹线路、落点和力量，提高击球者的反应能力和移动速度。

(3) 一边一点两面攻训练，提高训练者横拍直打两面攻技术及控球能力。

(4) 定点、定线两面攻训练，要求被训练者脚下移动要快，转身灵敏，要不断调整拍型，提高击球力量、落点和线路的控制能力。

(5) 双打训练，提高运动员在移动中对球的控制力。

(6) 三人或多人轮转打训练，打板后围绕乒乓球台转一圈，可提高乒乓球练习者的兴趣。

第二节　乒乓球运动对身体素质的提高

一、对速度素质的提高

大球的使用使得球速降低了 13%，为了保持速度上的优势，我们要加强对速度素质的训练。速度素质包括反应速度、位移速度和动作速度。在乒乓球比赛时，由于球在一个回合中的空中飞行时间很短，所以需要快速地对来球作出判断，即反应速度；由于场地的限制，需要的移动速度是短距离启动速度及制动和变换方向的速度，而不是长距离的位移速度；乒乓球运动需要的挥臂速度体现在肢体远端关节末端（包括球拍），不仅需要踝关节、膝关节、髋关节发力，而且肩、肘、腕都要发力。球速的变慢对于比赛双方的影响是一致的。对于己方运动员而言，对方速度的变慢，使得己方有比以前更充足的时间反应和移动步法，而若己方以小球时的挥拍速度击大球，其速度也将变慢，威胁度降低。那么己方要想使大球保持和原来小球时一样的击球速度，就要在反应速度、位移速度不变的情况下，增加挥拍速度的训练。

乒乓球的专项速度是非周期性的单个动作速度，即击球时的挥拍速度和为了取得适宜的击球点而移动身体的速度。打乒乓球时，在单个快速动作之后，肌肉即可得到放松和保持短暂的间歇，因而能够持续较长的时间而不易疲劳。在乒乓球比赛中，要求判断快、反应快、启动快、挥拍快、移动快、动作和方向变化快，只有如此，才能在快速而又复杂多变的比赛中创造和抓住每个有利时机去夺取主动和赢得胜利，这就要求运动员要有良好的专项速度。

发展专项速度素质的训练方法：在保证动作规范的前提下，做单一技术或者组合技术的徒手挥拍练习 30 秒~1 分钟（可规定练习次数）；加快多球练习的供球速度，迫使练习者提高击球的挥拍速度；并步或跳步左右移动的徒手、步法练习 30 秒~1 分钟（在球台两边线之间）；并步或交叉步移动摸球台两角练习 30 秒~1 分钟（在球台两端线之间）；进行推挡、侧身、扑右（方）角的手步法练习 30 秒~1 分钟；进行多球练习，加快供出各种不定点和不同旋转、节奏的球，迫使练习者在回球时迅速提高判断反应速度、步法的移动速度和击球的挥拍速度。

二、对力量素质的提高

球速减慢、旋转减弱，使得传统的打小球的意识和技术对不上点、借不上力，因此更多的是要靠自己的主动发力去击球，其他如正手的连续进攻与对拉、反手相持与快撕，以及防守、反拉弧圈球等也都要依靠自己去发力主动击球，否则，想过多地打借力球肯定容易形成被动挨打局面。因此在训练过程中，首要是注重击球者主动发力击球的战略意识培养，尤其应对每个人强调主动发力击球的训练，要求队员适当加大动作幅度，合理运用腰腿以及手臂形成鞭打之力以加强击球的力量或拉球的旋转强度。

随着现代乒乓球技术的不断更新和发展，乒乓球的技术动作结构发生了变化，对力量素质提出了更高的要求。特别是弧圈球打法的广泛使用以及对旋转和速度的要求，使得运动员必须要有良好的力量素质作基础，所以注重发展力量素质，对各种打法技术的发展和提高具有直接的影响。乒乓球运动所有动作的力量属于动力性力量，即指做动作时肌肉的张力不变，但收缩时肌肉的长度发生了变化，所以叫做等张收缩。力量也是乒乓球运动员重要的身体素质之一，通过正规而系统的练习后可以使肌肉的专项力量素质得到提高，并可促进速度、灵敏性和耐力等素质的提高。在乒乓球运动中，快速的力量是指爆发力，它是一种在极短的时间内肌肉快速收缩的能力。所以，加强快速力量的练习，还能改善身体各部分肌肉的高度协调性。

发展专项力量素质的训练方法：进行各种徒手（规定练习次数或者时间）挥拍动作练习；持铁制球拍（重约 0.5 千克）进行各种挥拍动作的练习；持轻哑铃进行各种挥拍动作的练习；用执拍手进行掷远练习；进行扣杀、扣球击远的练习。另外，负重半蹲后跳起练习；负重半蹲侧滑步练习；负重交叉步移动练习；负重单、双脚跳练习；负砂背心或者绑砂护腿进行各种步法移动练习。

三、对耐力素质的提高

虽然 11 分制实施后，打满七局的 77 个总球数比原来的 21 分制时打满 5 局的 105 个总球数少，但由于局点数由原来的 5 个变为现在的 7 个，关键球的次数增多，使得比赛的激烈程度增加，又由于无遮挡发球规则的实施，使得中国乒乓球队"前三板"的威力降低，每个球的相持时间变长，来回球次数增多，故而总的运动量会比以前更大。这就对乒乓球运动员的耐力有了更高的要求。

据相关研究，一场紧张的乒乓球比赛，密度为 25%，挥臂次数为 1000 次左右，血压平均升高 16 mmHg，脉搏平均为 192 次/分钟，体重下降平均 0.5～0.8 千克，握力变化无规律。一天比赛的负荷量，以最好成绩平均每天 3 次 6 场 18 局为例除去捡球时间，实际比赛时间为 150～180 分钟，大型比赛一般 10～14 天。

由此可见，乒乓球运动员比赛的生理负荷量与其他项目相比毫不逊色。随着世界顶级乒乓球选手技、战术水平差距的逐渐缩小，比赛关键时刻的胜负往往取决于选手们的抗疲劳能力和持久耐力。因此实施新规则后要更加加强对乒乓球运动员耐力素质的训练。

由于乒乓球运动项目的特点，打乒乓球时所需要的耐力是一种运动节奏和强度均处于不断变化，并与速度、力量和灵敏性紧密相联的专项耐力素质。特别是当前国际乒乓球协会改用了 40 毫米的大球进行比赛，并且还修改了部分的发球规则，在发球时将执行"无遮挡式发球"，使乒乓球的发球技术的隐蔽性减弱，从而使双方运动员在比赛中的相持球回合次数明显增多。乒乓球运动员在参加重大的国内和国际比赛中经常要连续进行 6～10 天左右，运动员要承受激烈比赛时的运动负荷就必须具备良好的专项耐力素质。我们常常会看到有些运动员在比赛后期，由于专项耐力不好而导致比赛的失利。实践证明，除了坚持一般耐力练习外，还需加强专项耐力素质的练习。所以采用重量负荷、反复多次的练习能较好地发展乒乓球运动员的专项耐力素质。

发展专项耐力素质的训练方法：800 米、1 500 米、3 000 米跑；10 分钟越野跑（计算距离）；50 米变速跑（8～10 次）；1～30 分钟组合技术的手步法练习，如左推右攻、推挡侧身攻后扑右角、正反手削长短球等练习；移动中连续扣杀 200～300 个多球练习；在球台两端线之间做 1～3 分钟各种步法移动练习；进行 3～5 分钟各式跳绳练习；持铁拍进行单个或组合击球动作的练习。

四、对灵敏性素质的提高

乒乓球运动员在临场比赛时，随机应变能力要强，要在 0.3～0.5 秒内对球的速度、落点及旋转性能作出及时的判断，并根据对手的站位迅速作出对策，动作转换要迅速、准确、协调，战术运用要灵活、变幻莫测，这样就能掌握主动权，取得比赛胜利，因此说灵敏性素质是乒乓球运动员一个非常重要的素质。

由于灵敏性素质是人体综合能力的表现，因此发展灵敏性素质必须从全面发展身体素质的综合能力入手，重点培养掌握动作的能力、反应能力、平衡能力等。

训练灵敏性素质的主要练习方法如下：

（1）固定转换体位的练习，如各种穿梭跑、8 字跑和折返跑等，这些练习主要发展人体的基本灵敏性能力。

（2）在跑、跳中做迅速改变方向的各种跑、躲闪、突然启动，以及各种快速急停和迅速转身等练习。

（3）突然发出各种指令信号，练习者接收信号后，迅速做出应急反应，这种方法主要提高人体应用灵敏性的能力。

（4）器械、体操、武术中的一些复杂动作练习，以及速度、动作、力量、高度、方位等经常变化的不对称练习和各种球类活动。

（5）做复杂多变的综合练习。例如，用"之字跑"、"躲闪跑"、"穿梭跑"和"立卧撑"四项组成的综合性练习。

（6）专门练习。例如立卧撑跳转 180°连续进行、上步纵跳、左右弧线助跑、单腿起跳、旋转 360°连续进行等。

（7）变速和变向练习。在跑、跳过程中快速、协调、准确地完成各种动作，如变向、变速、急停、急起、转体等。

（8）其他方式的练习。按各种信号作出应答反应的游戏和各种变向的追逐游戏，专门设计的各种复杂多变的练习，如"躲闪跑"、"穿梭跑"等。

五、对柔韧性素质的提高

乒乓球要求柔韧性素质的目的是为了提高各关节的肌肉、肌腱、韧带等软组织的伸展性，而其伸展能力的提高主要是由于"力"的拉伸作用的结果。柔韧性素质的练习方法主要有两种，即主动或被动形式的静力拉伸法和主动或被动形式的动力拉伸法。这两种练习方法的特点都是在"力"的拉伸作用下，有节奏地逐渐加大动作幅度或多次重复同一动作，使软组织逐渐或持续地受到被拉长的刺激。

1. 柔韧性素质的练习方法

（1）主动或被动的静力拉伸法：缓慢地将肌肉、肌腱、韧带拉伸到感觉一定酸、胀、痛的位置并略有超过，然后停留一定时间的练习方法。

这种方法由于拉伸缓慢不会激发牵张反射，可减少或消除超过关节伸展能力的危险性，防止拉伤。一般要求在酸、胀、痛的位置停留 6～8 秒，重复 6～8 次。

（2）主动或被动的动力拉伸法：有节奏地、速度较快地、幅度逐渐加大地多次重复一个动作的拉伸方法。

在运用该方法时用力不宜过猛，幅度一定要由小到大，先做几次小幅度的预备拉长，然后再加大幅度，从而避免拉伤。每个练习重复5～10次（重复次数可根据专项技术需要而增加）。

主动的动力拉伸方法是靠自己的力量拉伸，被动的动力拉伸方法是靠同伴的帮助或负重或借助外力的拉伸，但外力应与运动员被拉伸的可能伸展能力相适应。

上述方法可单独采用亦可混合运用，练习时间根据需要确定。

2.发展柔韧性素质可采用的手段

（1）在器械上的练习：利用肋木、平衡木、跳马、把杆、吊环、单杠等。

（2）利用轻器械的练习：利用木棍、绳、橡皮筋等。

（3）利用外部阻力的练习：同伴的阻力、负重等。

（4）利用自身所给的阻力或自身体重的练习：如压腿时双手用力压，同时上体前压振、在吊环或单杠上作悬垂等。

（5）发展各关节柔韧性采用的动作：压、踢、摆、搬、劈、绕环、前屈、后仰、吊、转等。

参考文献

［1］唐建军. 乒乓球运动教程. 北京：北京体育大学出版社，2005.

［2］刘建和. 乒乓球教学与训练. 北京：人民体育出版社，2004.

［3］苏丕仁. 乒乓球运动教程. 北京：高等教育出版社，2004.

［4］唐建军. 乒乓球技巧图解. 北京：北京体育大学出版社，2005.

［5］岳海鹏. 乒乓球打法与战术. 北京：人民体育出版社，2002.

［6］蔡继玲. 乒乓球竞赛规则问答. 北京：北京体育大学出版社，2003.

［7］全国体育学院教材委员会审定. 乒乓球. 北京：人民体育出版社，1992.

［8］侯文达. 高等学校乒乓球教材. 北京：北京大学出版社，1994.

［9］全国体育学院教材委员会审定. 乒乓球. 北京：人民体育出版社，1992.